Ricardo Mansur

Odisseia da Transformação DIGITAL

EDITORA CIÊNCIA MODERNA

Editor: Paulo André P. Marques
Produção Editorial: Dilene Sandes Pessanha
Capa: Daniel Jara
Diagramação: Daniel Jara
Copidesque: Equipe Ciência Moderna

FICHA CATALOGRÁFICA

MANSUR, Ricardo.

Odisseia da Transformação Digital

Rio de Janeiro: Editora Ciência Moderna Ltda., 2024.

1. Administração. 2.Sistemas de informação empresarial
I — Título

ISBN: 978-65-5842-404-8 CDD 658.4062

Editora Ciência Moderna Ltda.
R. Alice Figueiredo, 46 – Riachuelo
Rio de Janeiro, RJ – Brasil CEP: 20.950-150
Tel: (21) 2201-6662/ Fax: (21) 2201-6896
E-MAIL: LCM@LCM.COM.BR9
WWW.LCM.COM.BR

09/24

Sobre o Autor

O autor escreveu mais de trinta livros sobre governança e negócios digitais.

Nos últimos anos, o autor desenvolveu diversos trabalhos sobre a Transformação Digital.

Vários dos seus livros alcançaram grande repercussão nas comunidades de tecnologia e negócios.

O autor trabalha com vigor para compartilhar as suas descobertas sobre governança de TI, redes e mídias sociais, Business-Defined IT, Indústria 4.0, BlockChain e Organizações Exponenciais.

O autor pesquisa tanto a Transformação Digital dos modelos de negócio, quanto a aplicação das metodologias para a inovação nos modelos de negócio nas empresas.

A experiência do autor em modelos de negócio foi desenvolvida nas atividades realizadas em empresas do agronegócio, tecnologia, consultoria etc.

O autor tem larga experiência na consultoria e assessoria em: (i) desenvolvimento e implementação de novos modelos de negócio, (ii) estratégias de recursos humanos, (iii) práticas de comunicação e (iv) programas de educação continuada.

O autor participou como palestrante de diversos congressos e seminários sobre gestão estratégica, negócios habilitados pela tecnologia, digitalização de um negócio, estratégias de comunicação e programas de aprendizado continuado.

Dedicatória

Uma vez Shakespeare disse que a vida é tão curta que deveria ser feita só de momentos de prazer.

Dedico esta obra aos meus pais e amigos que possibilitaram os bons momentos da minha vida.

Agradecimentos

Agradeço aos meus pais e professores pelo empenho na educação formal e preparação para a vida, aos meus amigos que me ajudaram nesta caminhada e a Deus pela força de vontade para superar os desafios da vida.

Nota do Autor

Esta obra foi desenvolvida para ser um livro digital interativo com o leitor.

O autor usou o estratagema de combinar a conceituação das ideias com exemplos práticos de mercado.

O leitor pode navegar nas referências para entender como as ideias apresentadas são corroboradas pelo mercado.

É importante alertar ao leitor neste momento que todas as URLs (Uniform Resource Locator) citadas são de propriedade de terceiros e podem ser descontinuadas sem aviso prévio.

O autor reconhece que este risco é real, mas enfatiza que o leitor não perde conceituação alguma das ideias apresentadas com a descontinuação dos exemplos.

O objetivo da digitalização interativa é dar ao leitor a oportunidade de variar o conteúdo conforme o seu foco de interesse no momento específico da leitura.

Não existe necessidade alguma de navegar em todos os endereços citados.

As releituras do trabalho são mais interessantes por conta das variações de foco oferecidas pelas alternativas de interação.

Sumário

Parte 1:

Roteiro para a Transformação Digital

Prefácio

O crescimento da capacidade e disponibilidade dos recursos computacionais está revolucionando o varejo, o setor financeiro e vários segmentos da economia.

O setor de saúde sofreu uma forte transformação digital durante a pandemia do novo coronavírus. As formas de acesso à saúde cresceram exponencialmente com a telemedicina.

As tecnologias digitais estão contribuindo para a redução das perdas e desperdícios dos recursos disponíveis na medicina.

A redução do consumo de energia elétrica é uma das vertentes da desinflação dos custos da medicina.

Os pacientes poderão colher enormes benefícios com o fazer mais com menos.

Os diagnósticos e os tratamentos das doenças crônicas podem ser acompanhados em tempo real pelos médicos, enfermeiros e cuidadores.

A inteligência artificial analisa os dados coletados e informa as anormalidades para os profissionais de saúde.

Muitos médicos e profissionais da área de saúde temem as novas tecnologias, porque acham que eles serão substituídos por profissionais de outros países ou por máquinas.

Milhares de pessoas não enxergam como a tecnologia pode economizar o precioso e escasso tempo da equipe de saúde.

A automação das atividades repetitivas aumenta o tempo disponível dos profissionais da saúde para cuidar dos pacientes.

O prontuário eletrônico inteligente armazena todo o histórico do paciente e tem facilidades que ajudam na tomada de decisão dos médicos.

A inteligência artificial permite que a central de monitoramento dos pacientes internados receba em tempo real alarmes sobre os parâmetros monitorados.

Com esta tecnologia, é possível monitorar centenas de indicadores de milhares de leitos com uma única equipe.

A transformação digital no setor da saúde permite a revisão dos processos atualmente realizados nas clínicas e nos hospitais.

A inteligência artificial analisa em tempo real um enorme volume de dados e produz informações acuradas para a equipe médica com enorme velocidade.

O Big Data e a Inteligência Artificial são ferramentas úteis para a análise da situação de saúde pública em uma determinada região.

As informações geradas permitem a evolução do planejamento da contratação de recursos e a otimização do uso dos recursos públicos pela redução ou eliminação das perdas e desperdícios.

A tecnologia atual permite tanto a monitoração remota dos pacientes, quanto a realização de diversos tipos de exames.

Os aplicativos inteligentes de triagem dos pacientes direcionam um paciente para o médico especialista.

Os aplicativos de autocuidado com a saúde trabalham como mentores dos pacientes.

A telemedicina e a teleconsulta permitem que os especialistas visitem remotamente os pacientes que estão nas UTIs dos hospitais.

É possível obter enormes reduções de custos e ganhos de produtividade com tais práticas.

A eliminação de alguns custos e redução do tempo de deslocamento dos médicos permite que um especialista atenda mais pacientes por dia com um custo unitário sensivelmente menor.

A medicina personalizada usa a capacidade da inteligência artificial de processar o grande volume de dados do sequenciamento genético e fazer as correlações com doenças específicas.

As informações geradas permitem uma grande evolução da precisão do diagnóstico e o desenvolvimento de um tratamento individualizado.

A inteligência artificial também é uma importante ferramenta na análise de tendências e nos tratamentos preventivos.

Os principais benefícios da transformação digital na área da saúde são o crescimento do acesso, a eliminação das perdas e desperdícios, a redução dos custos, a evolução da efetividade da gestão dos recursos escassos e finitos, o aumento da qualidade da assistência da saúde, o crescimento da prevenção de doenças e o aumento da promoção da saúde pública e privada.

Os diversos desafios da saúde pública são grandiosos.

O insumo fundamental para o desenvolvimento da saúde pública é o conhecimento individual e coletivo (tecnologia social).

A forma como a medicina cuida dos pacientes é profundamente impactada pela transformação digital.

Os dados coletados pelos sensores permitem que a saúde pública seja mais preditiva e proativa.

Decisões melhores pela equipe de medicina, geram uma melhor entrega de cuidado para as pessoas.

O prontuário eletrônico é um exemplo de como uma tecnologia impactou os cuidados com os pacientes.

Ele foi criado para ser uma ferramenta de apoio para os profissionais de saúde, pois ele armazena os registros dos atendimentos, as prescrições dos médicos, a evolução do paciente após os tratamentos, os exames laboratoriais e imagem.

O prontuário é acessado pelas equipes médicas, pela enfermaria, pelos profissionais de fisioterapia, fonoaudiologia etc. com segurança e privacidade.

Todos os acessos são registrados e todos os registros são imutáveis e são armazenados com o seu respectivo histórico.

O prontuário eletrônico é uma ferramenta que opera em tempo real, para acelerar a tomada de decisão do médico e para melhorar os cuidados de saúde.

Os pacientes têm (ou deveriam ter) pleno acesso ao seu prontuário, para que eles possam acompanhar o seu quadro clínico.

Os sistemas inteligentes geram alertas sobre os resultados críticos dos exames para que as intervenções dos médicos sejam cada vez mais rápidas.

Os algoritmos dos sistemas inteligentes fornecem informações relevantes para os médicos na escolha do melhor tratamento.

A integração dos dados clínicos, laboratoriais e dos sensores permite que o sistema inteligente calcule a probabilidade de complicações nos pacientes internados nos hospitais.

A integração das informações em torno de um único prontuário eletrônico em que o paciente é o seu único proprietário e autorizador de acesso é ainda um desafio de grande porte aqui no Brasil.

O sistema inteligente permite que o diagnóstico por imagem detecte patologias precocemente.

Os robôs usados nas cirurgias e na reabilitação dos pacientes permitem uma recuperação mais rápida.

Os equipamentos digitais abreviam a reaprendizagem dos movimentos dos músculos dos pacientes que sofreram um acidente vascular cerebral.

A medicina personalizada é capaz de identificar a melhor terapia para cada paciente.

A telemedicina permitiu a integração em uma escala ainda longe do ideal do prontuário e receituário eletrônico.

Os exames realizados em um laboratório podem ser analisados em qualquer lugar do globo terrestre.

A característica de presença universal dos resultados permite que o resultado seja entregue mais rapidamente com baixo custo.

A integração em tempo real dos dados dos pacientes permite o monitoramento e acompanhamento inteligente da disponibilidade de leitos, da previsão de alta hospitalar do paciente, do controle dos recursos utilizados e da alocação de recursos humanos.

A transformação digital permite que o paciente assuma um papel mais participativo no seu tratamento.

Ele busca informações sobre o seu problema e pode participar com melhor entendimento das decisões sobre o seu tratamento.

Os diversos sensores presentes no dia a dia das pessoas permitem a monitoração da diabetes, dos batimentos cardíacos, da pressão arterial, da saturação de oxigênio, da respiração, do sono etc.

A integração dos dados dos sensores com o prontuário eletrônico do paciente gera uma revolução do conhecimento da saúde pública.

A transformação digital é uma tecnologia inútil sem o relacionamento entre o médico e o paciente e sem o relacionamento deles com as equipes multifuncionais.

Os profissionais da linha de frente do atendimento primário podem agora com a transformação digital orientar as pessoas sobre os melhores cuidados para a saúde com base nos dados históricos do paciente.

É possível alavancar com a transformação digital uma grande sinergia na saúde pública com redução dos custos.

A correta exploração das tecnologias digitais permite o endereçamento de vários desafios.

As empresas de diversos setores da economia estão usando os recursos habilitados pela digitalização para oferecer serviços mais inteligentes e mais rápidos para os clientes.

A transformação digital está moldando os modelos de negócio de diversas organizações.

A transformação digital está impactando a maioria dos setores da sociedade.

Ela impacta em especial as regras econômicas das comunidades.

A transformação digital cria possibilidades novas de relacionamento e cooperação entre os diferentes agentes da economia.

Os atores trocam dados e iniciam processos.

O termo transformação digital é usado quando as tecnologias alteraram os modelos de negócios e as respectivas cadeias de valor agregado tanto para atender os requisitos e necessidades dos clientes, quanto para oferecer serviços mais eficientes.

O Roteiro para a Transformação Digital é destinado para os profissionais das áreas de saúde, gestão, planejamento estratégico, desenvolvimento de negócios, marketing e vendas.

O objetivo do autor é apresentar de forma concisa e precisa, um guia orientativo para realizar uma transformação digital bem-sucedida do modelo de negócio para aumentar a lucratividade de um negócio ou de uma indústria.

O Roteiro para a Transformação Digital oferece aos pesquisadores, professores e estudantes das áreas de gestão da inovação, gestão de tecnologia, gestão estratégica e empreendedorismo uma valiosa visão sobre o impacto da transformação digital nos modelos de negócio.

O autor espera que o Roteiro para a Transformação Digital ajude os leitores para obter pleno sucesso na transformação digital do seu modelo de negócio.

O Roteiro para a Transformação Digital contém:

- Um guia compacto, testado e prático para a transformação digital de um modelo de negócio
- Conceitos envolvidos na transformação digital de um modelo de negócio
- Exemplos de transformação digital
- Abordagens existentes para a transformação digital

Capítulo 1

Introdução

A transformação digital impacta diversos setores da sociedade e economia.

Ela cria possibilidades de relacionamentos novos e permite a cooperação entre os vários agentes da economia, pois eles podem trocar dados e iniciar novos processos.

O Roteiro para a Transformação Digital, explica os conceitos envolvidos na transformação digital dos modelos de negócio.

Serão apresentados nos próximos capítulos as principais abordagens existentes para a transformação digital e um roteiro com base nestas abordagens.

As tecnologias que facilitam e permitem a digitalização têm um papel bastante relevante na transformação digital dos modelos de negócio.

Os produtos ofertados no mercado têm componentes mecânicos e eletrônicos que formam sistemas complexos (hardware, software e dados).

Os sistemas complexos permitem o desenvolvimento de produtos mais inteligentes e conectados.

Os novos modelos de negócio criam serviços, processos e cadeias de valor agregado.

Um fabricante de veículos para o agronegócio equipou as suas colheitadeiras com unidades de comunicação que enviam via rede sem fio os dados sobre a quantidade de horas de operação, códigos de erro, situação dos componentes etc.

Os dados permitiram que as peças de reposição fossem encomendadas pelo fazendeiro com base na análise preditiva e os reparos fossem realizados sem gerar interrupções na colheita.

Atualmente os clientes querem comprar pacotes de serviço em vez de produtos.

As abordagens existentes para a transformação digital estão relacionadas com a realidade, ambição, potencial, adaptação e implementação digital.

O Roteiro para a Transformação Digital apresenta nos próximos capítulos:

- Uma breve introdução dos fundamentos da transformação digital

- Alguns exemplos práticos da transformação digital de um modelo de negócio

- Algumas das abordagens existentes para a transformação digital

- Roteiro prático para a transformação digital de um modelo de negócio com atividades e ferramentas.

Os leitores perceberão que o Roteiro para a Transformação Digital oferece um guia sucinto, testado e prático de casos bem-sucedidos da transformação digital em um modelo de negócio, ou em outras palavras, situações de crescimento da lucratividade do empreendimento.

Os pesquisadores, professores e alunos perceberão no Roteiro para a Transformação Digital as diversas nuances da transformação digital de um modelo de negócio.

Referência

Porter M, Heppelmann JE Como produtos inteligentes e conectados estão transformando as empresas (https://alexandreporfirio.com/2018/11/como-produtos-inteligentes-e-conectados-estao-transformando-as-empresas/, acessado em 24/09/2021).

Capítulo 2

Histórico da Transformação Digital

Será apresentada a definição do que é digital e um breve histórico da transformação digital.

Também será explicado porque a mera conversão de um artefato analógico em digital é muito diferente da exploração dos recursos digitais de um sistema.

Neste capítulo, serão abordadas as semelhanças e diferenças entre a reengenharia dos processos de negócio e a transformação digital do modelo de negócio.

No final do capítulo, são apresentadas algumas reflexões sobre o futuro da transformação digital.

O que é o "digital" na transformação digital?

O "digital" na transformação digital é tanto a criação de valor agregado pela exploração das novas oportunidades presentes na sociedade, como a otimização dos processos que criam a experiência do usuário, como o desenvolvimento de recursos que suportam as iniciativas do negócio.

A transformação digital é, portanto, a exploração da tecnologia para melhorar a performance da empresa e a sua penetração no mercado.

É importante observar a palavra "exploração" no parágrafo anterior.

A transformação digital não é a mera adoção de tecnologias físicas nos processos de negócio.

A tecnologia física é apenas um dos componentes da transformação digital de um negócio.

A exploração das tecnologias tem como objetivo, a criação de valor agregado para a empresa, clientes e influenciadores.

Em outras palavras, é preciso revisar a proposta de valor para o cliente e transformar a operação usando as tecnologias digitais para aumentar tanto a interação com os usuários, quanto a colaboração com os clientes.

A transformação digital só é sustentável no longo prazo quando:

- As operações da empresa são revisadas ou criadas
- O modelo de negócio é digitalizado em torno do valor agregado e do aumento da lucratividade

Histórico da Transformação Digital

Desde o final da década iniciada em 1981, os especialistas dominam com propriedade as principais ideias sobre serviços e produtos.

Entre os anos 1990 e 2000 muitas campanhas publicitárias do setor do varejo usaram os canais digitais para a comunicação em massa com os clientes.

Por exemplo, as lojas de material de construção divulgavam os seus produtos e serviços nos canais digitais.

Os anos entre 2000 e 2015, foram marcados pelo crescimento exponencial tanto das vendas de dispositivos inteligentes, como das plataformas de mídia social.

Estas mudanças causaram uma drástica revolução nos métodos usados pelas empresas para se comunicar com os clientes.

A tecnologia mudou também a expectativa dos clientes em relação ao tempo de resposta das empresas e da disponibilidade dos canais de comunicação.

As organizações descobriram que eram capazes de se comunicar digitalmente com os seus clientes em uma base individual e alguns casos em tempo real.

O crescimento exponencial do mercado de pagamento digital contribuiu para o surgimento de um grande volume de oportunidades para o comércio online.

Muitos pontos de venda baseados apenas na internet nasceram durante este período.

Na segunda década do século XXI, o foco da transformação digital foram os dispositivos móveis e a criação de valor para os clientes pela análise em escala dos dados personalizados.

Atualmente, as empresas usam as informações personalizadas tanto para adaptar e melhorar os seus produtos, quanto para melhorar a sua estratégia de comunicação, quanto para evoluir as suas interações com os clientes.

É muito importante destacar neste momento que a conversão de processos analógicos em digitais não é uma condição suficiente para alcançar a transformação digital.

A real digitalização ocorre quando o uso das tecnologias e dos dados resultam no crescimento das vendas, na melhoria do negócio, na criação ou transformação de processos e na criação de um ambiente de negócio mais amigável.

A mera conversão dos componentes analógicos em digitais não é a digitalização do processo.

A transformação de um artefato analógico em um artefato digital (por exemplo, "digitalização" de um livro em papel) é apenas o "escaneamento" do livro. Um livro escaneado não é um livro digital.

Um livro realmente digital tem conteúdo interativo e dinâmico com os seus leitores.

Ele tem vídeos conforme a demanda e interage verbalmente com os leitores.

Um artefato digital possui tanto informação material (tecnologia física), como imaterial (tecnologia social), ou seja, os sensores são os componentes materiais do artefato e os processos de negócio são os componentes imateriais.

A digitalização de um artefato resulta na conexão de pessoas, processos, dados e coisas para gerar uma inteligência que habilite um resultado de negócio.

Em outras palavras, o conhecimento adquirido é o fator que diferencia a reengenharia dos processos da digitalização.

O principal objetivo da digitalização é a criação e entrega de um novo valor agregado para os clientes.

Apenas melhorar o que já está sendo feito ou oferecido não é digitalização.

O termo digitalização apareceu pela primeira vez no ensaio "Humanities and Computers: A Personal View» do Robert Machal publicado pela North American Review em 1971 (https://www.jstor.org/stable/25117163, acessado em 24/09/2021).

No ensaio o Machal falou sobre as potencialidades e limitações da digitalização da sociedade via computadores.

Em resumo, a digitalização é o uso de tecnologias e dados para:

- Criar receitas novas
- Melhorar o negócio
- Substituir ou transformar os processos
- Criar um ambiente empresarial em que as informações estão no núcleo do negócio.

Conclusão

A digitalização é o processo em que as mudanças são realizadas na operação e no modelo de negócio com base no conhecimento adquirido e no valor agregado.

Reengenharia de Processos de Negócios x Transformação Digital

A Reengenharia de Processos de Negócios (RPN) é a revisão dos processos relacionados com o negócio para reduzir os custos e melhorar os produtos e serviços.

O foco da RPN é a automatização de processos baseados em regras.

Os processos baseados em regras podem ser automatizados pelas tecnologias.

O principal foco da transformação digital é a obtenção de dados e usar as informações para redesenhar os processos baseados em regras.

A abordagem orientada aos dados permite a conquista de novos conhecimentos.

Ela é usada para redesenhar tanto o modelo de negócio, quanto para inovar as operações. A empresa Airbnb não é focada na propriedade de ativos físicos (hotéis).

O modelo de negócio da empresa é orientado aos dados.

Todos os processos executados pela empresa são consequência dos dados capturados.

Os processos baseados em regras da indústria hoteleira foram totalmente redesenhados pela Airbnb.

Por exemplo, a empresa incorporou ao ecossistema do turismo, os proprietários de apartamentos na praia localizados em regiões bastante procuradas pelos turistas e que ofereciam um elevado valor agregado para os hóspedes.

Com a transformação digital, os funcionários da empresa são capazes de interpretar o conhecimento adquirido e usá-lo para melhorar as suas decisões.

As novas fontes de dados criadas pela transformação digital geram bancos de conhecimento baseados em dados.

Conclusão

A Reengenharia de Processos de Negócios busca aumentar a velocidade e eficiência dos processos e a transformação digital faz com que as pessoas redesenhem os processos e o fluxo de decisões.

Futuro da transformação digital

A transformação digital só funciona quando ela está presente no plano estratégico do negócio, ou seja, quando ela faz parte da estratégia corporativa.

Existem empresas que criaram departamentos digitais e contrataram um grupo diversificado de especialistas para conduzir a sua estratégia de transformação digital.

Atualmente, o crescimento da quantidade de dispositivos inteligentes conectados está crescendo exponencialmente.

Em breve, a imensa maioria das empresas será digital em termos da forma como os seus executivos e funcionários pensam a operação.

As empresas gigantes digitais (Google, Apple, Amazon, Facebook, Alibaba etc.) contam com o engajamento das pessoas para o seu sucesso empresarial.

Em breve, todas as empresas de todos os portes (inclusive o açougue ou padaria do seu bairro) precisarão do engajamento para viabilizar a sua operação.

Referências

https://culturedigitally.org/2014/09/digitalization-and-digitization/, Digitalization and Digitization, acessado em 24/09/2021

https://auriga.com/blog/2016/digital-transformation-history-present-and-future-trends/, Digital Transformation: History, Present, and Future Trends, acessado em 24/09/2021

https://www.mckinsey.com/industries/technology-media-and-telecommunications/our-insights/what-digital-really-means, What 'digital' really means, acessado em 24/09/2021

https://www.forbes.com/sites/peterbendorsamuel/2017/07/21/the-power-of-digital-transformation-in-a-data-driven-world/?sh=7f2388a13f2c, The Power Of Digital Transformation In A Data-Driven World, acessado em 24/09/2021

https://www.jstor.org/stable/25117163, Humanities and Computers: A Personal View, acessado em 24/09/2021.

Capítulo 3

Pilares para a Transformação Digital

Os principais pilares da transformação digital das empresas são as pessoas, os processos, as tecnologias e o ambiente cultural.

As pessoas são o fator crítico de sucesso para a transformação digital.

A revisão dos processos só é bem-sucedida quando o capital intelectual da empresa está capacitado com as competências necessárias do universo digital.

A transformação digital potencializa a experiência dos usuários pela sua interação com os colaboradores (por exemplo, quando a empresa trabalha na filosofia do sucesso do cliente).

A base de sustentabilidade de longo prazo de uma iniciativa é formada pelas pessoas, pelo ambiente cultural, pela produtividade e pela lucratividade.

Pilares para a transformação digital

A capacitação do capital intelectual e o ambiente cultural da corporação são, os principais pontos para que a transformação digital produza resultados benéficos.

Os clientes e usuários desempenham com as novas tecnologias um papel ativo e interativo com o negócio da empresa e influenciam o comportamento do mercado.

Durante a pandemia do novo coronavírus, a transformação digital estava presente no dia a dia do mundo corporativo.

O novo coronavírus, com a respectiva crise financeira e com desorganização das cadeias produtivas acelerou a velocidade da transformação digital.

A maioria dos empresários e empreendedores acreditam que a transformação digital revolucionará a sua indústria.

Infelizmente, apenas uma minoria das empresas está preparada para a transformação digital.

O dinamismo do novo ambiente de empresarial, exige que os modelos de negócio sejam ajustados e adaptados de forma constante e diária.

A era da previsibilidade acabou

Agora é preciso manter um capital intelectual capacitado para responder as novidades diárias.

As mudanças passaram a fazer parte da natureza empresarial.

A transformação digital é uma realidade, pois existe um forte aumento da demanda digital pelos consumidores.

A inserção no universo digital não é apenas um fator para aumentar a competitividade da firma, ela é uma condição essencial para sobreviver no mercado.

Em 2024, muitas organizações têm ou estão desenvolvendo uma estratégia para a transformação digital.

Durante a pandemia, as empresas que achavam o assunto era apenas um modismo dos nerds, resolveram desenvolver uma estratégia de transformação digital de curto prazo para enfrentar as perdas de vendas.

Sem o capital intelectual adequado e uma mudança cultural coerente e adequada, a transformação dos artefatos analógicos em "digitais" gerou apenas perdas e prejuízos.

O alto escalão da empresa tem a responsabilidade de liderar o movimento de capacitação dos colaboradores.

Na era da pós-vacinação da Covid-19, a transformação digital impactou todos os modelos de negócio existentes.

O resultado obtido pelas empresas de todos os portes revelou que o nível da maturidade digital do capital intelectual das empresas impactou o lucro.

Em conformidade com as previsões dos especialistas, as empresas que investiram na transformação digital do seu capital intelectual conquistaram uma fatia maior do mercado.

As organizações digitalmente maduras conseguem atrair a maioria dos talentos disponíveis no mercado.

O uso intenso de dados nas análises desperta o interesse dos profissionais mais capacitados.

São pessoas que querem trabalhar as tecnologias de inteligência artificial, internet das coisas, aprendizado de máquina, blockchain, NFT, inteligência do negócio etc.

Os principais pilares da transformação digital das empresas são as pessoas, os processos, as tecnologias e o ambiente cultural.

O capital intelectual é o núcleo do sucesso da transformação digital.

As pessoas são responsáveis pelo sucesso deste tipo de iniciativa.

Por este motivo, a correta capacitação de todos os colaboradores é a primeira meta que deve ser alcançada em uma iniciativa de transformação digital.

As tecnologias físicas (processos e tecnologias) só funcionam de forma satisfatória na transformação digital quando a tecnologia social (pessoas) está plena e funcional.

A potencialização da inteligência humana em conjunto com a análise de dados gera soluções inspiradoras que melhoram a experiência dos usuários.

A cadeia produtiva inteligente trabalha a interação dos colaboradores com os clientes ou usuários para melhorar a experiência do usuário e habilitar o sucesso do cliente.

A capacitação e a cultura organizacional são pontos fundamentais para que a transformação digital gere aumento da produtividade e lucratividade.

No mundo atual, o cliente desempenha um papel ativo no relacionamento com as empresas.

A tecnologia criou canais de comunicação interativos.

Esta mudança gerou comportamentos que estão reposicionando os negócios no mercado.

O usuário ou cliente tem uma relação dinâmica com as marcas.

São eles que criam ou destroem a reputação de um produto ou serviço.

Os novos clientes (pessoas e empresas) de uma marca, pesquisam as avaliações dos consumidores antigos dos produtos ou serviços antes de finalizar as suas compras.

A inteligência coletiva gerada pela transformação digital permite que a firma estruture os seus processos com base no saber profundo do ecossistema e na busca de soluções.

Os clientes querem uma experiência personalizada para otimizar a curva de aprendizado de um produto ou serviço.

A inteligência coletiva colaborativa é uma ferramenta que suporta o alcance dos gols desta difícil missão.

A estruturação dos novos processos e a adaptação dos processos existentes exige a análise de todos os impactos em uma abordagem holística.

O objetivo é o entendimento antecipado do cenário para mitigar os efeitos colaterais indesejados e para acelerar o reposicionamento do negócio na direção da nova realidade do mercado.

A otimização dos processos internos é de suprema importância para a necessidade de readequação da operação da empresa.

O mercado exige cada vez mais que as empresas sejam ágeis, inovadoras e interativas.

A análise dos processos com base em dados assegura a efetividade da operação empresarial através do endereçamento da finalidade de cada elemento da cadeia produtiva do ecossistema.

A avaliação é realizada em termos da performance atual, esperada e projetada do processo.

A inteligência artificial é usada para modelar dinamicamente em tempo real a disponibilidade das ferramentas de tecnologia, para monitorar com acurácia o desempenho dos processos e para fazer os ajustes necessários para o endereçamento das expectativas empresariais em relação ao uso e alocação dos recursos.

Os processos inteligentes unem a automação das informações com o plano de crescimento sustentável do negócio.

A transformação digital habilita o aumento de eficiência operacional, derruba barreiras de entrada do mercado, fortalece as entregas para que o sucesso do cliente seja alcançado e endereça as expectativas dos membros do ecossistema.

As tecnologias digitais modernas habilitam a criação de uma arquitetura empresarial de amplo espectro.

O impacto operacional dos sistemas que serão alterados ou substituídos com a transformação digital deve ser feito em harmonia com os benefícios da aplicação das mudanças.

A tecnologia é neste novo contexto, uma aliada de grande porte da empresa no processo de digitalização, pois ela impacta tanto o relacionamento com os clientes, quanto a otimização dos processos existentes.

Durante a pandemia do novo coronavírus, os clientes realizavam a sua jornada da compra por meios digitais na maioria dos casos.

Nestes casos, a comunicação com os clientes passou a ser feita em tempo real.

As estratégias e ações das empresas foram redirecionadas para um novo ambiente de negócio.

Neste nível de interatividade, a experiência do cliente é consequência de como os recursos disponíveis estão sendo utilizados.

Em outras palavras, a integração digital é um fator de sucesso tão importante quanto o preço do produto ou serviço.

O ambiente cultural também é impactado pela transformação digital, pois os novos processos e tecnologias mudam a forma de relacionamento com os membros do ecossistema.

A experiência do trabalho foi modificada com o home office. No trabalho em casa é preciso avaliar o impacto de cada decisão tomada.

Os processos de treinamento para a nova realidade empresarial devem ser estruturados para não gerar reações negativas dos colaboradores.

As áreas de gestão das pessoas devem participar do processo de transição desde o início tanto para otimizar a efetividade das mudanças, como para criar um ambiente inteligente de trabalho e colaboração.

O ambiente inteligente gera o equilíbrio entre os recursos virtuais e físicos para:

- Aumentar a produtividade
- Facilitar o aprendizado dos colaboradores

- Inovar o formato do trabalho

O ecossistema e a sociedade são impactados pela transformação digital.

As pesquisas indicam um crescimento de quase 40% da receita dos novos negócios digitais e de aproximadamente 70% do nível de competitividade das empresas.

A imensa maioria da sociedade enxergou as melhorias proporcionadas pelo aumento do alcance digital das empresas.

A transformação digital facilitou a vida da grande maioria das pessoas durante o período de distanciamento social nas atividades de pedir comida, fazer consultas por telemedicina etc.

Referências

https://www.forbes.com/sites/danielnewman/2018/05/21/understanding-the-six-pillars-of-digital-transformation-beyond-tech/?sh=31c260f33f3b, Understanding The Six Pillars Of Digital Transformation Beyond Tech, acessado em 24/09/2021

https://www.runmyprocess.com/vision/white-papers/the-four-essential-pillars-of-digital-transformation/, The Four Essential Pillars of Digital Transformation: a Practical Blueprint, acessado em 24/09/2021

Capítulo 4

Transformação Digital dos Modelos de Negócio

Resumo

Apresentação das definições dos componentes da transformação digital nos modelos de negócio.

Neste capítulo serão explicados os conceitos envolvidos nos modelos de negócio, as definições relacionadas com a transformação digital nos modelos de negócio e as dimensões para o desenvolvimento da transformação digital nos modelos de negócio.

Transformação Digital dos Modelos de Negócio

A formação de um ecossistema envolvendo todos os membros da cadeia produtiva estendida e a sociedade é o principal resultado da digitalização de um negócio.

A capacidade de um ecossistema de coletar, analisar e traduzir em ações relevantes as informações presentes no ambiente de negócio é a principal consequência da digitalização de um negócio.

A transformação digital de um negócio passa tanto pelo processo de redefinição do negócio, como pela digitalização dos processos, como pela expansão do relacionamento com os membros do ecossistema, como pelo crescimento do valor agregado entregue.

Existem várias dimensões relevantes da transformação digital.

A tecnologia tem o papel de aprimorar o desempenho da operação empresarial e aumentar o alcance da empresa.

O uso das novas tecnologias endereça as necessidades tanto da dimensão de processos operacionais, quanto da experiência do usuário, quanto do sucesso do cliente, quanto do aprimoramento do modelo de negócio.

Em outras palavras, a transformação digital é um processo de evolução consciente e contínuo da empresa, modelo de negócio, ideias empresariais e processos estratégicos e táticos.

A transformação digital redefine o mundo corporativo pela exploração de tecnologias que impactam a sociedade como um todo.

Uma das consequências das mudanças geradas pela transformação digital é a criação de oportunidades e ameaças.

Em outras palavras, as mudanças criam desafios novos.

O processo de reinvenção de um negócio pela digitalização das operações e dos relacionamentos do ecossistema da cadeia de suprimentos estendida deve ser executado de forma contínua e permanente.

O desafio da liderança da transformação digital do negócio é energizar a empresa para que ela seja capaz de capturar todo o potencial da tecnologia de informações de todos os membros da cadeia de suprimentos.

O uso da tecnologia para melhorar radicalmente o desempenho ou o alcance da empresa é a principal meta da maioria das empresas.

Os executivos de todas as indústrias de todos os setores da economia, estão evoluindo a efetividade das tecnologias tradicionais como, por exemplo, o Enterprise Resource Planning (ERP) através das seguintes ferramentas:

- Análise de um grande volume de dados
- Mobilidade
- Mídias sociais
- Dispositivos inteligentes conectados

O objetivo dos executivos é melhorar tanto o relacionamento da empresa com os usuários, clientes etc., quanto os processos internos, quanto a proposta de valor agregado.

Para os executivos das empresas, a transformação digital é um ecossistema consistente de todos os setores da economia que permite o ajuste do papel desempenhado pelas organizações na nova realidade da economia.

As decisões em um ecossistema incluem tanto a troca e análise de dados, quanto a análise e avaliação das opções, quanto as respostas baseadas nas consequências.

A tendência de formação de uma rede entre todos os setores da economia e a adaptação do papel dos atores para a nova realidade da economia envolve a tomada de decisões com base nos dados capturados pelo ecossistema.

A estrutura da transformação digital exige a criação de uma rede entre os atores do ecossistema (empresas, clientes, cadeia estendida de valor agregado etc.) em paralelo com a exploração das novas tecnologias.

Para tal, é preciso o desenvolvimento das habilidades e capacidades de extração e troca de dados, análise e conversão de dados em informações relevantes e interpretação das informações relevantes.

Estas habilidades e capacidades são usadas para analisar e avaliar as opções para a tomada de decisão e para o início das ações que melhoram o desempenho da organização e o alcance da empresa.

As mudanças impactam as empresas, os modelos de negócio, os processos, os relacionamentos, os serviços e os produtos etc.

Modelo de Negócio

Um modelo de negócio é o resultado da lógica empresarial da empresa.

Ele descreve os benefícios entregues aos clientes, parceiros e sociedade.

O modelo de negócio responde à pergunta de como os benefícios entregues retornam na forma de receita e fluxo de caixa.

O valor criado pela empresa para os clientes, parceiros e sociedade diferencia a firma em relação aos concorrentes, consolida o relacionamento com os clientes e cria uma vantagem competitiva.

O modelo de negócio trabalha simultaneamente com diversas dimensões e elementos:

Na dimensão dos clientes estão os segmentos de mercado e os canais de relacionamento com os clientes.

Na dimensão dos benefícios estão os produtos, serviços e valores da organização.

Na dimensão do valor agregado estão os recursos, as habilidades, as capacidades e os processos.

Na dimensão do ecossistema estão os membros do ecossistema, os canais de comunicação com os membros da cadeia de valor agregado e os relacionamentos internos e externos.

Na dimensão financeira estão as receitas, as despesas e o fluxo de caixa.

A combinação das dimensões e elementos do modelo de negócio deve ser feita de tal forma que ocorra um reforço mútuo reentrante para alcançar um nível de crescimento que seja difícil para a concorrência acompanhar.

Transformação Digital dos Modelos de Negócio

A transformação digital de um modelo de negócio impacta tanto os elementos individuais do modelo, quanto o modelo como um todo, quanto as cadeias estendidas de valor agregado, quanto os membros do ecossistema de valor agregado.

A transformação digital do modelo de negócio, pode ser incremental (pequenas e contínuas evoluções) ou radical (mudança nos fundamentos do negócio).

As novidades das mudanças impactam principalmente os clientes.

As consequências das mudanças impactam o negócio, os membros do ecossistema, a indústria como um todo e os concorrentes.

As tecnologias para a transformação digital do modelo de negócio são usadas para gerar novas aplicações, facilidades, serviços ou produtos (por exemplo, volume de estoque baseado em uma projeção mais precisa da demanda futura).

As novas tecnologias como o Big Data exigem capacidades e habilidades para coletar, trocar, analisar e transformar os dados.

O objetivo é análise e avaliação das opções disponíveis para melhorar a performance tanto dos processos existentes, quanto dos novos.

A transformação digital de um modelo de negócio é uma sequência de decisões e atividades interrelacionadas que trabalham em um contexto lógico e temporal.

As mudanças geram impactos nas seguintes dimensões: prazo de entrega, custos e receitas, infraestrutura e qualidade.

Mapa da Transformação Digital

1. Dimensão "Objetivo da transformação"
1.1. Quais são os objetivos que iniciam a transformação:
1.1.1. Prazo de entrega: entregas mais rápidas dos serviços, produção mais veloz etc.
1.1.2. Custos e receitas: redução dos custos, aumento das vendas ou receitas etc.
1.1.3. Infraestrutura: ecossistema, automação etc.
1.1.4. Qualidade: qualidade do produto, serviço, relacionamento, processo, entrega etc.
2. Dimensão "Procedimento"
2.1 Como fazer a transformação:
2.1.1. Sequência de decisões e atividades interrelacionadas que trabalham em um contexto lógico e temporal.
2.1.2. Uso de tecnologias e facilitadores para gerar novos produtos, serviços e aplicativos.
2.1.3. Captura e troca de dados para avaliação e análise das opções.
3. Dimensão "Intensidade da Transformação"
3.1 Nível de intensidade e profundidade da transformação:
3.1.1. Incremental (leve)

3.1.2. Radical (estrutural)
4. Dimensão "Referência"
4.1 A transformação é novidade para quem:
4.1.1 Clientes
4.1.2 Negócio
4.1.3 Ecossistema
4.1.4 Indústria
4.1.5 Concorrentes
5. Dimensão "Objetos"
5.1. O que é transformado:
5.1.1. Elementos Individuais, ou seja, processos, relacionamento com os clientes, produtos etc.
5.1.2. Todo o modelo de negócio
5.1.3. Toda a cadeia de valor estendida
5.1.4. Membros da cadeia de valor estendida
5.1.5. Todo o ecossistema
5.1.6. Alguns membros do ecossistema
5.1.7. Modelo de criação de valor

Referências

https://www.capgemini.com/wp-content/uploads/2017/07/Digital_Transformation__A_Road-Map_for_Billion-Dollar_Organizations.pdf, DIGITAL TRANSFORMATION: A ROADMAP

FOR BILLION-DOLLAR ORGANIZATIONS, acessado em 24/09/2021

https://www.augmenteed.tech/post/digital-transformation-2021-and-beyond, Digital transformation 2021 and beyond, acessado em 24/09/2021

https://www.mckinsey.com/business-functions/organization/our-insights/unlocking-success-in-digital-transformations, Unlocking success in digital transformations, acessado em 24/09/2021 https://sloanreview.mit.edu/article/the-new-elements-of-digital-transformation/, The New Elements of Digital Transformation, acessado em 24/09/2021

Capítulo 5

Exemplos de Transformação Digital de um Modelo de Negócio

Resumo

Apresentação de estudos de caso, exemplificando o sucesso da transformação digital de um modelo de negócio.

Cada estudo mostra o ponto de partida inicial, a definição do problema, os objetivos, as soluções adotadas, os resultados alcançados.

1. Situação inicial e definição dos problemas

Descrição da situação atual e dos problemas da empresa.

É preciso entender e compreender as motivações da escolha de uma abordagem particular para a transformação digital do modelo de negócio.

O estratagema permite um melhor entendimento das opções.

2. Abordagem objetiva das soluções

Delineamento do objetivo da transformação digital do modelo de negócio da empresa e das respectivas soluções propostas.

3. Resultados alcançados

A primeira etapa do trabalho é a realização de uma avaliação completa do modelo de negócio para identificar as oportunidades geradas pela transformação digital do modelo de negócio.

O passo seguinte é o mapeamento completo das oportunidades geradas pela transformação digital do modelo de negócio.

Exemplos de transformação digital de um modelo de negócio

Os dados utilizados na transformação digital do modelo de negócio são as informações que podem ser quantificadas, digitalizadas, analisadas, compartilhadas etc.

O forte crescimento da quantidade de sensores em conjunto com a redução do custo do processamento permite afirmar que a quantidade de dados que podem ser capturados e utilizados está crescendo no formato de uma espiral exponencial positiva.

É possível capturar dados de diversos objetos.

Por exemplo, uma escova de dentes, uma máquina de café, um copo de vinho, uma colheitadeira etc.

As informações sobre o meio ambiente também estão disponíveis para as empresas.

É possível capturar dados sobre a poluição do ar, pressão atmosférica, temperatura, umidade, altitude etc.

Nas redes sociais estão disponíveis diversas informações sobre os clientes e usuários.

Em outras palavras, as empresas podem capturar uma gigantesca quantidade de dados sobre diversos aspectos do ambiente de negócio.

A pergunta que não quer calar é se a empresa consegue gerar um valor agregado para o seu negócio com estas informações.

Em outras palavras, capturar dados é apenas um custo quando não se sabe o que fazer com as informações coletadas, ou seja, nem todos os dados devem ser coletados.

Por exemplo, a aquisição da tecnologia de um copo inteligente de vinho com funcionalidades inúteis, redundantes ou supérfluas para a realidade operacional da empresa não gera benefícios para a organização, ou seja, capturar estes dados não é uma atividade relacionada com a transformação digital do modelo de negócio.

Os dados capturados devem gerar um valor adicionado para a organização ou devem aliviar um ponto de dor da empresa.

Atualmente, existe um universo bastante amplo de dados que são quantificáveis, no entanto, é preciso selecionar apenas as informações que resolvem um problema ou aumentam o valor agregado entregue para os membros do ecossistema (clientes, fornecedores departamentos da empresa etc.).

É fácil perceber que existem diversas maneiras para criar valor ou resolver um problema usando um subconjunto dos dados disponíveis.

Por exemplo, é possível usar as informações para aumentar o prazo de garantia dos produtos ou para receber as faturas mais rapidamente.

A função principal de um negócio é gerar um retorno sobre o investimento.

As informações capturadas do conjunto de dados revelam diversas mudanças para os serviços, produtos ou processos.

No entanto, só existe valor agregado para os membros do ecossistema (clientes, funcionários, parceiros etc.) quando a mudança proporciona um crescimento sustentável da rentabilidade de longo prazo do negócio.

Uma loja de roupas pode criar uma loja online que apresenta os seus produtos e respectivos preços e coleta os preços dos concorrentes para que os clientes possam comparar e comprar as roupas de forma mais rápida e fácil.

O objetivo da loja virtual é fazer com que os clientes peçam descontos para os concorrentes.

Os clientes vão concentrar as suas compras na loja que oferece os preços mais baixos.

O concorrente que não investiu na loja virtual tem um nível de custo mais baixo e pode reduzir os seus preços sem ter prejuízos.

Este é um caso típico em que a tecnologia não gerou a transformação digital do modelo de negócio da empresa.

Foi apenas uma iniciativa inútil com desperdício de tempo, dinheiro e energia.

As instituições públicas, governamentais, acadêmicas etc. não buscam soluções que aumentam a rentabilidade do empreendimento.

No entanto, elas trabalham em um contexto de recursos limitados e os seus influenciadores exigem que elas usem o seu orçamento da forma mais efetiva possível para endereçar a sua missão.

As organizações sem fins lucrativos não buscam um retorno do investimento financeiro, elas buscam um retorno do investimento do propósito da iniciativa.

A transformação digital só ocorre quando existe a conjunção simultânea de três fenômenos.

Existe um conjunto relevante de dados disponíveis sobre o assunto ao mesmo tempo em que os influenciadores enxergam uma real utilidade para a iniciativa proposta ao mesmo tempo em que existe uma rentabilidade sustentável de longo prazo para a solução proposta.

A primeira fase do roteiro para a transformação digital de um modelo de negócio é a realidade digital.

A realidade digital é aplicada na dimensão dos clientes, dos benefícios, do valor agregado, do ecossistema e do resultado financeiro.

5.1 Estudo de caso: Fabricante de produtos de limpeza e higiene

Um fabricante de produtos de limpeza e higiene produz papel toalha, sabão líquido e diversos outros produtos de higiene.

A firma oferece também cursos de treinamento para os seus grandes clientes como shoppings, hospitais etc.

A maioria dos seus clientes é do segmento de saúde, alimentação e alimentos.

Situação inicial e definição dos problemas

A empresa ajuda aos clientes no endereçamento dos requisitos de limpeza e higiene, vendendo e entregando soluções customizadas em função das necessidades do ambiente.

Com a pandemia, ocorreu um aumento das exigências de limpeza e higiene pelos clientes.

Era preciso superar tanto o problema da falta de transparência sobre os dispensadores que precisam ser reabastecidos, quanto o problema do planejamento inadequado dos recursos humanos (aumento de custos com pessoal), quanto o problema do planejamento do estoque de suprimentos e produtos de limpeza e higiene (aumento de custos por causa do estoque elevado).

Abordagem objetiva das soluções

O objetivo da empresa é oferecer aos clientes o benefício da monitoração dos dispensadores e do estoque usando sensores inteligentes conectados.

Os ganhos da economia de escala são o aumento da efetividade, diminuição do tempo de entrega e redução dos custos do ecossistema.

O reabastecimento inteligente dos distribuidores aumenta o nível de satisfação dos clientes e usuários ao mesmo tempo em que aumenta a disponibilidade dos itens de limpeza e higiene.

O sistema adotado é formado por dispensadores inteligentes de sabão, desinfetantes, papel toalha etc. em que os sensores medem em tempo real o nível da disponibilidade e utilização e enviam os dados para uma das estações concentradoras.

As estações concentradoras enviam os dados para um servidor do fabricante que por sua vez envia via internet as informações para os dispositivos previamente habilitados do cliente (equipe de limpeza, administradores etc.).

São enviados dados específicos e personalizados da disponibilidade e da taxa de utilização.

Os clientes são beneficiados pelo aumento da transparência em relação ao consumo e custo dos produtos de limpeza e higiene e podem usar estas informações para melhorar o seu planejamento (materiais e equipe de limpeza e higiene).

A indústria é beneficiada pelo melhor planejamento da sua produção.

Como consequência, o nível do estoque é otimizado e o custo da manutenção do estoque é menor.

Resultados alcançados

A decisão da empresa de criar um sistema de gestão do ecossistema é um exemplo da digitalização dos dados de sensores dos dispensadores.

A coleta de dados do sistema de gestão aumenta a transparência entre a firma e os clientes, melhora o planejamento do estoque e aumenta a satisfação do cliente e usuário final.

É possível digitalizar outras linhas de produtos, pois o universo de dados úteis disponíveis é muito grande.

Por exemplo, a empresa poderia implementar distribuidor inteligente conectado de papel higiênico que indica o número atual de rolos de papel higiênico disponível e uma estimativa de quando o distribuidor precisa ser reabastecido.

As novas necessidades dos clientes geram na maioria dos casos mudanças na estratégia de preço do fabricante.

Muitas vezes, os novos preços não são comunicados de forma imediata e transparente para os clientes.

A escassez de dados das ações de manutenção do estoque em tempo real e dos padrões de utilização dos produtos e serviços resultaram na falta de transparência e no planejamento ineficaz do estoque.

A implementação do sistema de monitoração dos dispensadores resolveu o problema do estoque caro e gerou valor agregado para os clientes.

O distribuidor inteligente de papel higiênico será incorporado ao sistema em breve, pois ele também endereça o problema do estoque caro e gera valor adicional ao sistema de monitoração.

Quando se considera as diferentes áreas de um hospital, shopping etc., alguns locais não são de fácil acesso.

O uso de dispensadores inteligentes conectados permite o acesso remoto em tempo real.

A monitoração proativa aumenta a rentabilidade da indústria ao mesmo tempo em que aumenta a transparência para o cliente dos custos envolvidos.

O resultado é planejamento mais preciso e eficiente do estoque e das pessoas.

O acesso limitado aos banheiros (homens cuidam apenas dos banheiros masculinos e mulheres dos femininos) impede, por exemplo, que os funcionários saibam em tempo real quando o papel toalha precisa ser reposto.

Com os sensores a quantidade de viagens sem sentido para os banheiros é reduzida ou eliminada e o hospital, shopping etc. garante uma experiência mais confortável para os seus usuários.

O valor agregado para o cliente do sensor do dispensador do sabão líquido ou do papel toalha pode ser calculado e comparado com as alternativas disponíveis.

A rentabilidade potencial da solução indica qual deve ser o caminho da iniciativa de digitalização.

Para alguns clientes, o dispensador inteligente conectado do papel toalha agrega mais valor que o dispensador do sabonete líquido.

As práticas da gestão de cada hospital, shopping etc. geram orientações diferentes para a lucratividade gerada pela digitalização.

A firma escolheu trabalhar no projeto inicial com o dispensador inteligente conectado de sabão líquido e papel toalha porque a solução era simples.

O processo de desenvolvimento era rápido e a implantação da solução era de curtíssimo prazo.

Como os clientes estavam enfrentando diversos problemas relacionados ao estoque de sabão líquido e papel toalha, a decisão de escolher os dispensadores inteligentes conectados de sabão líquido e papel toalha gerou um elevado valor percebido pelos clientes.

Para a indústria, esse valor foi traduzido como aumento das vendas e do lucro,

Aplicação do modelo

O caminho do fabricante para a transformação digital do seu modelo de negócio envolveu várias avaliações sobre a situação atual, as alternativas disponíveis e as soluções propostas.

Descobrindo a realidade digital

O período de análise e reflexão corresponde a primeira fase do roteiro para a transformação digital de um modelo de negócio (descobrindo a realidade digital).

Dimensão dos clientes

A empresa avaliou as necessidades atuais dos seus clientes e percebeu que existia uma discrepância entre as suas expectativas e as dos seus clientes.

Expectativas incompatíveis afetaram os canais de comunicação com os clientes e geram insegurança e desconfiança.

A confiança dos clientes na empresa foi abalada por causa das expectativas diferentes.

A comunicação entre empresa e os seus clientes era errática.

A firma reconheceu que as suas expectativas precisam ser mais bem alinhadas em relação aos requisitos e necessidades dos clientes para melhorar o nível de transparência dentro do ecossistema.

Dimensão dos benefícios

A empresa reconheceu que os novos requisitos e necessidades dos clientes eram importantes para eles e desenvolveu um sistema de monitoração para o seu endereçamento.

O aumento da transparência era um dos requisitos.

Os dispensadores inteligentes conectados de papel toalha e de sabão foram entregues para gerar benefícios, fortalecer o relacionamento e aumentar a satisfação dos clientes.

Dimensão do valor agregado

A empresa tinha a sua disposição todos os recursos para entregar o sistema de monitoração dos dispensadores inteligentes conectados para os seus clientes.

Quando a empresa analisou o projeto de monitoração ela considerou o valor agregado da solução para o ecossistema e a sua posição na cadeia produtiva.

Dimensão do ecossistema

Com base nas necessidades identificadas na dimensão dos clientes, a empresa descobriu que os seus clientes eram mais sensíveis ao preço e estavam preocupados com o tamanho do time de limpeza.

Com base nestas necessidades, a firma entendeu que existia uma oportunidade para melhorar as relações com os membros do ecossistema através de melhorias na transparência.

A criação de um canal de comunicação mais eficiente permitiu a entrega do sistema inteligente de monitoração.

Dimensão do resultado financeiro

Como mencionado na dimensão do valor agregado, a empresa tinha todos os recursos disponíveis para entregar um sistema inteligente de monitoração dos dispensadores.

Os clientes estavam dispostos a pagar pelo benefício e a rentabilidade elevada da iniciativa foi um fator crítico de sucesso para a transformação digital do modelo de negócio da empresa.

5.2 Conglomerado industrial com diferentes divisões

A divisão de elevadores produz elevadores de passageiros, cargas, escadas rolantes etc. para edifícios comerciais, residenciais, hotéis, aeroportos, shopping centers etc.

Além da venda e instalação, a empresa oferece serviços de manutenção, reparo e modernização dos elevadores, escadas rolantes etc.

Situação inicial e definição dos problemas

O modelo de negócio da corporação foca a fabricação, instalação e manutenção de elevadores.

O crescimento da construção civil nas grandes cidades gerou um aumento da demanda por elevadores de alto desempenho.

Os clientes querem comprar elevadores de confiabilidade superior.

O aumento da demanda também ocorreu, porque vários elevadores antigos representavam um risco para os usuários.

No mercado existem várias empresas que oferecem o serviço de manutenção de elevadores, pois a margem líquida dos serviços de manutenção é muito maior que o lucro das vendas de elevadores.

Abordagem objetiva das soluções

O principal objetivo da divisão de elevadores era reduzir a indisponibilidade dos seus elevadores.

Para tal, era necessário identificar as causas das falhas no menor tempo possível.

A rápida identificação da causa raiz das falhas permite a redução do tempo para a manutenção e reparo.

O aumento da disponibilidade é uma das consequências da redução do tempo de manutenção e reparo dos elevadores.

Para endereçar a necessidade de aumentar a disponibilidade dos elevadores, foi desenvolvido um sistema de monitoração inteligente e conectado dos elevadores.

Para identificar rapidamente a causa raiz de uma indisponibilidade é preciso ter um fluxo de informações em tempo real sobre a situação atual do elevador.

Foram instalados sensores em diversos componentes do elevador (motores, portas e poço).

Os sensores capturam informações como a velocidade da cabine e a temperatura do motor.

As informações coletadas são avaliadas via análise preditiva da inteligência artificial do sistema e os resultados são enviados para os funcionários responsáveis pela manutenção do elevador.

Os funcionários recebem os alarmes, orientações e recomendações em tempo real.

O sistema inteligente conectado de manutenção permitiu que a divisão de elevadores fizesse o trabalho de manutenção de forma proativa.

O resultado foi a redução do tempo de indisponibilidade dos elevadores.

O planejamento dos recursos e das manutenções foi melhorado e gerou uma forte redução dos custos.

Resultados alcançados

O sistema inteligente conectado de monitoração de elevadores é um exemplo de uma iniciativa de digitalização com foco na manutenção.

O sistema coleta as informações técnicas relevantes dos componentes mecânicos do elevador via os sensores para reduzir o tempo de manutenção e para melhorar a qualidade dos serviços entregues.

As informações que estavam sendo ignoradas antes do sistema inteligente são agora coletadas e utilizadas tanto para entregar valor para os clientes, como para gerar lucro para a empresa.

É evidente que existiam diversas oportunidades de transformação digital para a divisão de elevadores.

Por exemplo, era possível instalar nos elevadores um painel inteligente que poderia ser alugado ou vendido para as agências de publicidade ou mídias digitais.

Os clientes da divisão de elevadores (hospitais, shoppings, edifícios comerciais e residenciais etc.) poderiam usar o espaço interativo do painel para:

- Aumentar a conscientização dos usuários sobre as práticas de segurança do hospital, shopping, edifício etc.
- Capturar a opinião dos funcionários sobre os eventos patrocinados pela empresa

As agências poderiam usar a tela interativa para direcionar a sua publicidade para o público que usa o elevador todos os dias.

A mudança drástica dos elementos do modelo de negócio da divisão de elevadores alterou o formato que a empresa produzia, instalava e realizava a manutenção dos elevadores.

A empresa percebeu que as necessidades de manutenção dos clientes estavam mudando rapidamente e ela precisava responder de forma assertiva aos novos requisitos.

O propósito do sistema inteligente de manutenção era capturar os dados e utilizar a análise preditiva para melhorar a avaliação e previsão dos problemas de manutenção.

Os serviços de manutenção eram uma das prioridades da divisão de elevadores.

O sistema de monitoração inteligente aumentou a lucratividade da divisão de elevadores pela entrega de um serviço de manutenção que reduzia a indisponibilidade dos elevadores.

O painel interativo proposto para segunda fase da transformação agregava valor pelo canal de comunicação em um local específico para um público bem definido.

A iniciativa introduzia no mercado um canal de mídia e uma plataforma de marketing em um ambiente controlado.

A alta administração da divisão de elevadores percebeu que a iniciativa da tela digital no elevador era capaz de aumentar com intensidade a lucratividade do negócio, pois o tempo gasto pelas pessoas no elevador era uma oportunidade de ouro tanto para transmitir informações, quanto para coletar dados dos passageiros do elevador.

O painel interativo proposto para a segunda fase da transformação digital era visto como um negócio capaz de gerar um fluxo de receita adicional através de vendas únicas ou recorrentes (por exemplo, contratos de locação com agências de marketing).

Em termos financeiros, a receita publicitária da tela interativa poderia ser utilizada para subsidiar o preço de lista do elevador para as construtoras e empreiteiras.

O objetivo do pacote financeiro era permitir que a divisão de elevadores oferecesse produtos com preços mais competitivos em relação à concorrência e com manutenção da margem de lucro.

A decisão de implementar o sistema inteligente de monitoração ocorreu em decorrência do fato de que o conhecimento interno não estava sendo totalmente utilizado.

O projeto de aumento da receita através da venda do espaço publicitário do painel interativo foi baseado na crença de que existia na organização o conhecimento para alavancar as vendas e para criar um fluxo de receita adicional.

Aplicação ao modelo

A divisão de elevadores desenvolveu um sistema inteligente de monitoração de gestão de manutenção e transformou digitalmente o seu modelo de negócio.

O sistema inteligente e conectado era orientado pelos dados disponíveis.
Diversos benefícios foram entregues para os clientes.
Um novo fluxo de receita foi gerado.

Descobrindo a sua realidade digital

O sistema inteligente e conectado foi comparado com as alternativas disponíveis no mercado.

Os estudos revelaram que a solução do sistema de monitoração inteligente era a opção que gerava o maior e melhor lucro sustentável de longo prazo.

Dimensão dos clientes

O cliente do sistema inteligente de manutenção foi fortemente impactado pelas mudanças.

As necessidades de elevada disponibilidade dos elevadores estavam crescendo exponencialmente.

Os clientes estavam dispostos a pagar mais pela redução das indisponibilidades.

O sistema criou um canal de comunicação transparente sobre a manutenção e reparos dos elevadores e escadas rolantes e melhorou o relacionamento da empresa com os clientes.

O sistema baseado em dados falava diretamente com o departamento de manutenção dos clientes e criava um canal de comunicação aberto permanentemente.

Embora o sistema inteligente fosse mais caro para os clientes, a redução das indisponibilidades melhorou o relacionamento de longo prazo da empresa com os clientes e aumentou o grau de confiança entre os membros do ecossistema.

Ou seja, os benefícios alcançados superaram em larga escala os custos adicionais.

Na segunda fase do projeto, o painel interativo eliminou o problema de espaço subutilizado nos elevadores e criou um canal novo de comunicação com os clientes.

Esta forma de propaganda permitiu a criação de uma plataforma centralizada de relacionamento com os clientes.

Além das informações da divisão de elevadores, o painel inteligente permitiu a venda do espaço para as empresas de mídia e publicidade.

Estas empresas lançaram diversas campanhas publicitárias interativas.

Dimensão dos benefícios

O aumento da transparência em relação aos requisitos da manutenção gerou excelentes benefícios para todas as partes.

A divisão de elevadores entendeu que era essencial criar um processo digital para gerar benefícios reais para ela e os seus clientes.

O acesso aos dados permitiu a geração em tempo real de alertas de manutenção.

Na segunda fase do projeto, o painel inteligente aumentou o engajamento dos passageiros do elevador, pois eles podiam registrar as suas impressões diretamente no sistema.

Dimensão do valor agregado

Os dados e os recursos dos alertas de manutenção foram disponibilizados em tempo real.

Os processos dentro do modelo de negócio da divisão de elevadores foram modificados para explorarem o recurso de tempo real do sistema de manutenção inteligente.

A divisão de elevadores percebeu a importância e o valor do sistema de manutenção inteligente e usou os dados do sistema para demonstrar os resultados da proposta de valor.

Os dados das entregas simultâneas de disponibilidade foram disponibilizados para os influenciadores internos e externos.

O lucro sustentável de longo prazo mostrou que o sistema criou um intenso valor agregado.

O desenvolvimento de conteúdo do painel interativo foi terceirizado.

O departamento de marketing foi designado como dono do processo.

Dimensão do ecossistema

Os parceiros da divisão de elevadores são uma parte importante do modelo de negócio.

Para melhorar a integração dos membros do ecossistema com o modelo de negócio, a divisão de elevadores passou a informar o valor cobrado pelos serviços de manutenção.

A cadeia de valor agregado estendida da manutenção era comunicada tanto do valor dos reparos, quanto do aumento da disponibilidade gerada pelo sistema inteligente de monitoração.

Na segunda fase do projeto, os parceiros envolvidos no desenvolvimento do conteúdo do painel interativo podiam usar o espaço para se comunicar com seus próprios clientes.

Dimensão do resultado financeiro

O desenvolvimento de um sistema de manutenção orientado pelos dados e de um painel inteligente interativo dependeu das receitas e despesas potenciais futuras.

O fluxo da receita futura de longo prazo criado pelo sistema foi usado para financiar a iniciativa.

Existia a crença que um sistema de manutenção inteligente era capaz de gerar fluxo de receita adicional.

No caso do desenvolvimento da segunda fase do projeto, ou seja, painel interativo, o argumento que justificou a iniciativa foi a receita futura sustentável do aluguel do espaço.

A segunda possibilidade aventada foi a incorporação do valor do painel no preço de venda dos elevadores.

A terceira possibilidade foi o recebimento de receita em função dos cliques dos usuários no painel interativo.

Referências

https://www.businessinsider.com/ibms-watson-may-soon-be-the-best-doctor-in-the-world-2014-4?IR=T, IBM's Watson Supercomputer May Soon Be The Best Doctor In The World, acessado em 24/09/2021

Capítulo 6

Abordagens para a Transformação Digital

Resumo

O capítulo apresenta algumas das abordagens existentes para a transformação digital.

Para a inovação do modelo de negócio, existem diversas abordagens consolidadas como modelos de procedimento.

A inovação de um modelo de negócio passa ou pelas mudanças nos componentes individuais do modelo de negócio (clientes, serviços etc.) ou por mudanças em todo o modelo de negócio.

A transformação digital de um modelo de negócio utiliza os habilitadores do modelo para aumentar o ganho potencial, para criar um ecossistema de valor agregado e para oferecer uma melhor experiência para os usuários.

A transformação digital de um modelo de negócio é baseada no modelo de negócio existente, nas mudanças dos componentes do modelo e na criação de novos componentes.

As lições aprendidas das diversas abordagens das transformações digitais já realizadas servem como uma base para o desenvolvimento de um roteiro para a digitalização de um modelo de negócio.

Abordagem de cinco fases

O plano de desenvolvimento e a implementação da estratégia de transformação digital são formados por cinco fases.

Fase 1: Análise

A fase de análise é realizada na dimensão dos clientes, concorrentes, mercado e capacidade do negócio.

São analisadas as necessidades dos clientes e os seus respectivos valores.

Com base nesta avaliação os clientes são segmentados.

Os concorrentes são descritos e avaliados pelo seu desempenho atual e posicionamento no mercado.

Os novos entrantes também são avaliados.

O mercado é avaliado em função do seu tamanho atual, do seu potencial de curto, médio e longo prazo, das suas restrições e limitações atuais e futuras e da sua taxa de crescimento atual e futura.

A capacidade atual e futura do negócio também é avaliada.

Fase 2: Estratégia

A fase da estratégia tanto define o posicionamento futuro da empresa no mercado, quanto determina como a empresa quer se diferenciar, quanto seleciona o público-alvo futuro da empresa.

Fase 3: Plano de ação

O plano de ação é baseado na visão da empresa para a experiência do usuário, na proposta de valor agregado e na identificação das oportunidades.

A visão da empresa para a experiência do usuário é uma declaração sobre o que o negócio pretende entregar no futuro.

A identificação das oportunidades avalia o cenário atual e o futuro para descobrir quais oportunidades podem ser exploradas pela empresa.

Fase 4: Impacto organizacional

O impacto organizacional avalia o capital intelectual, a infraestrutura do negócio e os aspectos culturais do ambiente de negócio tanto para analisar os processos e sistemas, como para definir os paramentos da governança e controles.

Fase 5: Transformação digital

Os objetivos da fase da transformação digital determinam o roteiro de execução do plano de ações e o gerenciamento do portfólio de projetos.

O plano do projeto inclui os detalhes da comunicação interna e externa, os paramentos de controle da gestão de mudanças e o gerenciamento da marca.

Conclusões

As fases da abordagem são generalistas e por isto existem poucas referências específicas para este modelo de transformação digital.

A abordagem de 5 fases tem como meta a criação de ideias úteis sobre quais fases e conteúdos devem ser considerados na iniciativa.

Abordagem de seis fases

As fases da transformação digital são: estratégia, plano de ações, preparação da implantação, implementação, produção e avaliação.

Fase 1: Estratégia

A estratégia é desenvolvida na primeira fase da iniciativa e os efeitos da dinâmica digital são considerados nesta fase.

Na fase 1 é mapeada a situação atual da empresa e é projetado um novo modelo de negócio.

Para tal, é feita uma avaliação de segurança e uma análise da criação de valor agregado.

Nesta fase são estudadas as consequências legais e fiscais do projeto proposto.

Após estes estudos, é feita uma análise da cultura corporativa e do capital intelectual.

Fase 2: Plano de ações

A segunda fase é o desenho do roteiro da transformação digital, ou seja, plano de ações.

O roteiro da transformação digital exige a definição e criação de:

- Modelo de colaboração entre os membros do ecossistema
- Ecossistema de criação de valor agregado

- Modelo operacional do planejamento
- Arquitetura do modelo
- Planejamento da transformação da cultura corporativa

Após estas definições e criações, todos os aspectos fiscais e legais do modelo são considerados na matriz de causa e efeito.

Fase 3: Preparação da implantação

A terceira fase é a preparação da implantação que é o desenvolvimento de uma plataforma digital de negócio.

A infraestrutura da governança da plataforma é definida e, neste momento, é criado o plano de desenvolvimento da plataforma e das aplicações.

O modelo operacional da empresa e a arquitetura da entrega dos serviços são habilitados pela tecnologia de informações.

Os processos internos são adaptados com base nas necessidades dos clientes.

Nesta fase, são definidos os protocolos de segurança digital e do gerenciamento das habilidades e capacidades do capital intelectual.

Fase 4: Implementação

A fase de implementação inicia a operação no ambiente de produção da plataforma de negócio desenvolvida.

Os parâmetros do controle de qualidade das entregas e do treinamento do capital intelectual são implementados para garantir o sucesso da transição.

Fase 5: Produção

Nesta fase, são considerados os impactos do novo modelo de negócio na operação dos sistemas que estão sendo executados.

Os protocolos da governança, da infraestrutura, da plataforma, do gerenciamento dos aplicativos e do desempenho são considerados como fatores críticos de sucesso.

Fase 6: Avaliação

É a última fase do roteiro da transformação digital.

Nesta fase, ocorre o monitoramento do desempenho do sistema e a otimização dos recursos utilizados.

São feitos ajustes no nível de entrega dos serviços.

As operações realizadas na produção são otimizadas e o modelo de negócio é aperfeiçoado.

As seis fases são responsáveis pelos aspectos mais relevantes da transformação digital.

Abordagem de três fases

É um plano de transformação digital para abordar um cenário futuro da economia digital.

As fases do plano são a análise do impacto da digitalização no setor, posicionamento atual da empresa e implantação da transformação.

Fase 1: Análise do impacto da digitalização no setor

Nesta fase, são projetados vários cenários futuros diferentes e são avaliadas as mudanças na cadeia de valor.

As tecnologias são avaliadas e os membros do ecossistema são categorizados e analisados.

Várias propostas de mudanças são identificadas nesta fase.

Fase 2: Posicionamento atual da empresa

A segunda fase é a análise dos riscos e oportunidades existentes para o negócio.

São avaliados os produtos, os clientes e as regiões impactadas.

Também são definidos nesta fase, os recursos físicos, humanos e colaborativos para a implantação da estratégia estabelecida para o negócio digital.

O resultado esperado desta fase é um relatório sobre a implementação da transformação digital e a matriz das competências identificadas.

Fase 3: Implantação da transformação

Na terceira fase são definidas as opções mais relevantes para os vários cenários futuros identificados.

São identificadas as habilidades e capacidades que precisam ser desenvolvidas.

Também é definido nesta fase, o modelo de colaboração entre os membros do ecossistema.

As três fases atendem aos requisitos de diversos aspectos da transformação digital, pois trabalham com análises detalhadas das dimensões do modelo de negócio.

Referências

https://www.ibm.com/downloads/cas/MPQGMEN9, 2021 DIGITAL TRANSFORMATION ASSESSMENT, acessado em 24/09/2021

https://www.mckinsey.com/business-functions/strategy-and-corporate-finance/our-insights/how-covid-19-has-pushed-companies-over-the-technology-tipping-point-and-transformed-business-forever, How COVID-19 has pushed companies over the technology tipping point—and transformed business forever, acessado em 24/09/2021

https://www.delltechnologies.com/asset/pt-br/solutions/business-solutions/briefs-summaries/dt-index-2020-full-findings-report.pdf, Digital Transformation Index 2020, acessado em 24/09/2021

https://www.gartner.com/en/information-technology/insights/digitalization, Digitalization strategy for Business Transformation, acessado em 24/09/2021

Capítulo 7

Roteiro da Transformação Digital de um Modelo de Negócio

Resumo

As fases do roteiro da transformação digital de um modelo de negócio são:

- Realidade digital
- Ambição digital
- Potencial digital
- Adaptação digital
- Implementação digital

Realidade digital

Na fase da Realidade digital, o modelo de negócio atual da empresa é avaliado considerando a análise do valor agregado na visão dos influenciadores e as necessidades e requisitos dos clientes.

A empresa precisa compreender qual é a sua realidade digital considerando as diversas dimensões do modelo de negócio.

Na fase da Realidade digital são definidos os objetivos da transformação digital.

Os objetivos estão relacionados com o prazo de entrega, custos e receitas, infraestrutura e qualidade.

Ambição digital

Na fase da Ambição digital são selecionados os objetivos que devem ser considerados no modelo de negócio e os seus componentes.

Durante esta fase são elencados, categorizados e priorizados os objetivos e dimensões do modelo de negócio.

Potencial digital

São estabelecidas nesta fase as melhores práticas e os habilitadores da transformação digital.

As práticas e habilitadores são o ponto de partida da corrida.

Eles definem o potencial digital da empresa.

A projeção do modelo de negócio futuro é feita considerando as condições iniciais existentes na empresa.

As diferentes opções de soluções têm que endereçar aos requisitos e necessidades de cada componente do modelo de negócio futuro.

Em outras palavras cada uma das soluções é um conjunto de opções combinadas e conectadas de forma lógica.

Adaptação digital

A fase de Adaptação digital analisa as diversas soluções propostas para o modelo de negócio.

As soluções são avaliadas para determinar quais são as necessidades de adaptação do modelo de negócio atual.

Esta competência garante que as necessidades e requisitos dos clientes sejam atendidos e que os objetivos do negócio sejam alcançados.

Nesta fase, as adaptações necessárias para o modelo de negócio são identificadas, elencadas, categorizadas e priorizadas.

Implementação digital

Na fase de Implementação digital, o novo modelo de negócio é finalizado e implementado.

As diversas soluções são consolidadas em um pacote de implementação.

Nesta fase é elaborado o projeto tanto da experiência digital dos usuários, quanto da rede de criação do valor agregado.

O projeto descreve como será a integração do novo modelo de negócio com os membros do ecossistema.

Todos os recursos e capacidades para a execução do plano de ações são identificados e priorizados nesta fase.

Mapa do roteiro

1. Realidade digital
1.1. Identificação detalhada do modelo de negócio existente
1.2. Análise da cadeia de valor agregado
1.3. Avaliação dos membros do ecossistema
1.4. Identificação das necessidades e requisitos dos clientes

2. Ambição digital
2.1. Estabelecimento dos objetivos e prioridades das dimensões do modelo de negócio
3. Potencial digital
3.1. Identificação das melhores práticas para a transformação digital
3.2. Identificação dos habilitadores da transformação digital
3.3. Projeção das opções do futuro da transformação digital
4. Adaptação digital
4.1. Avaliação das opções em função da sua adaptação aos objetivos e requisitos dos clientes
5. Implementação digital
5.1. Finalização do modelo de negócio
5.2. Implementação do modelo de negócio
5.3. Desenvolvimento da experiência dos usuários
5.4. Desenvolvimento da rede de valor agregado
5.5. Desenvolvimento da integração dos membros do ecossistema

Estudo de caso: Um fabricante de eletrodomésticos quer integrar as suas diversas linhas de produção através das tecnologias de software e desenvolvimento ágil e progressivo.

O fabricante comprou por mais de uma centena de milhões de dólares uma empresa iniciante que transforma dados em informações para os serviços.

Situação inicial e definição dos problemas

O fabricante capturou dezenas de milhões de registros através de milhões de sensores instalados nos eletrodomésticos.

Foram desenvolvidas dezenas de aplicações para analisar a eficiência energética do uso dos eletrodomésticos.

A análise dos dados capturados mostrou que existia um potencial de economia de 20% de energia elétrica que estava sendo desperdiçado pelo uso ineficiente dos aparelhos pelos usuários.

A redução do consumo de energia é capaz de gerar uma economia de bilhões de dólares ao longo dos próximos 10 anos.

Abordagem objetiva das soluções

O fabricante expandiu o seu modelo de negócio existente para ir além da venda de eletrodomésticos.

Ela passou a oferecer o serviço de eficiência de uso dos aparelhos.

O eletrodoméstico inteligente conectado tem como característica o gerenciamento do consumo de energia através da análise de dados do uso e do gerenciamento dos riscos.

O objetivo é reduzir o consumo de energia e melhorar a utilização do aparelho para alcançar uma importante economia de energia elétrica por ano.

A inteligência artificial do gerenciamento do consumo de energia interage em tempo real com o eletrodoméstico para configurar o seu modo operacional em função da escolha do usuário.

Por exemplo, ao fazer um suco de laranja, a inteligência artificial trabalha em tempo real com a resistência de cada laranja para extrair o suco com o menor gasto de energia possível.

Resultados alcançados

O fabricante reconheceu as ineficiências dos usuários em escolher a configuração ótima do eletrodoméstico para cada situação específica e transformou o seu modelo de negócio com a criação da divisão do serviço inteligente de eficiência energética.

Um dos principais serviços prestados pela nova divisão é a captura de informações vitais dos motores dos aparelhos para a otimização do consumo de energia dos eletrodomésticos.

Um colateral interessante do novo serviço é a redução do tempo de indisponibilidade do eletrodoméstico.

Enquanto isso, os outros atores da indústria estavam ocupados transformando outros aspectos dos eletrodomésticos, o fabricante nadou de braçada no oceano azul da redução do consumo de energia elétrica.

Quando chegou a conta da crise energética, a divisão do serviço inteligente de eficiência energética multiplicou por quinze o seu faturamento.

Uma das experiências mais desconfortáveis para o usuário do espremedor de laranja elétrico é a turbulência causada pela potência excessiva do motor.

A inteligência artificial alimentada pelos sensores elimina o problema do torque excessivo que causa turbulência e vibração no braço do usuário.

O principal objetivo do serviço de eficiência é reduzir o consumo de energia elétrica do aparelho.

Os dados coletados pelos sensores do motor fornecem as informações necessárias para configurar a melhor forma de uso do eletrodoméstico em tempo real.

A detecção do aquecimento dos componentes e geração de calor pelos motores elimina o problema da vibração do braço quando os usuários estão usando o espremedor de laranja elétrico e aumenta o nível de satisfação dos clientes com o eletrodoméstico.

A vibração não pode ser totalmente eliminada, mas a iniciativa faz com que a vibração e o seu respectivo desconforto durem por apenas alguns segundos.

As iniciativas aumentaram exponencialmente a rentabilidade do fabricante.

O serviço inteligente de eficiência energética permitiu um melhor planejamento dos custos de energia elétrica dos clientes e liberou espaço no bolso dele para comprar mais eletrodomésticos inteligentes conectados.

O planejamento de substituição dos aparelhos também foi beneficiado com o serviço, pois o melhor controle do torque, calor gerado etc. aumentou a vida útil do eletrodoméstico.

A maior satisfação dos clientes com os eletrodomésticos inteligentes conectados alavancou o desenvolvimento de aparelhos mais sofisticados e caros.

Navegando no roteiro
Realidade digital: Avaliação da situação atual

Objetivos e perguntas
O objetivo desta fase do roteiro é avaliar a Realidade digital.

Para tal é feita a identificação detalhada do modelo de negócio existente, da cadeia de criação de valor agregado, dos membros do ecossistema e dos requisitos e necessidades dos clientes.

A fase Realidade digital responde as seguintes perguntas:

- Como o atual modelo de negócio está estruturado?
- Como é possível perceber as diferenças entre as principais dimensões do modelo de negócio?
- Como a cadeia de criação de valor agregado atual é estruturada?
- Quais são os componentes da cadeia de criação de valor agregado?
- Quais são os membros do ecossistema envolvidos em cada etapa?
- Como os membros do ecossistema estão conectados?
- Quais são os segmentos de clientes?
- Quais são as necessidades atuais e futuras de cada segmento de cliente?
- Quais são os requisitos atuais e futuros de cada segmento de cliente?

Atividades e ferramentas

As ferramentas são utilizadas para a realização das atividades para alcançar os resultados desejados.

Identificação detalhada do modelo de negócio

A transformação digital do modelo de negócio exige o pleno entendimento do modelo de negócio.

A descrição do modelo de negócio existente é feita considerando a dimensão dos clientes (segmentos, canais de comunicação e gestão dos relacionamentos), a dimensão dos benefícios (produtos, serviços e valores), a dimensão do valor agregado (recursos, habilidades, capacidades e processos), a dimensão do ecossistema (membros do ecossistema, canais de comunicação e gestão dos relacionamentos) e a dimensão do resultado financeiro (receitas e despesas).

Cada uma das dimensões do modelo de negócio exige respostas que devem ser bem entendidas antes do desenvolvimento do modelo de negócio.

As respostas explicam o modelo de negócio atual e são usadas para o entendimento da situação da indústria.

As respostas são o primeiro passo da transformação digital, pois elas determinam o potencial da digitalização.

O objetivo das perguntas é a avaliação do modelo de negócio atual.

Se as perguntas forem aplicadas para um modelo de negócio não existente, elas precisarão ser revistas.

Dimensão dos clientes

O desenvolvimento de um protótipo ajuda na identificação e desenvolvimento da dimensão dos clientes.

O protótipo descreve os segmentos de clientes, a gestão dos relacionamentos e os canais de comunicação.

A dimensão dos clientes, responde as seguintes perguntas para os segmentos de clientes:

- Quais são as necessidades atuais dos clientes?
- Quais são os requisitos atuais dos clientes?
- Como a atual segmentação de clientes foi formada?
- Quais são os novos segmentos de clientes que precisam ser identificados e detalhados?
- Quais benefícios devem ser entregues para cada um dos segmentos de clientes?
- Quanto eles estão dispostos a pagar?
- Qual é o peso financeiro de cada um dos segmentos de clientes para o negócio?
- Quais são os segmentos de clientes mais importantes?

A dimensão dos clientes, responde as seguintes perguntas para os canais de comunicação:

- Como os canais de comunicação e vendas estão integrados com os processos operacionais do negócio (por exemplo, licitações)?
- Quantos clientes podem ser alcançados usando os canais de comunicação e vendas?
- Como cada um dos segmentos de clientes é alcançado usando os canais de comunicação e vendas?

A dimensão dos clientes, responde as seguintes perguntas para a gestão do relacionamento:

- Como conquistar novos clientes e construir um relacionamento de longo prazo com eles?
- Quais são os custos das diversas formas de relacionamento com os clientes?
- Quais formas de relacionamento com os clientes têm boa relação de custo e benefício?
- Quais formas de relacionamento com os clientes devem existir?

Dimensão dos benefícios

A criação de um protótipo ajuda a identificação e o desenvolvimento da dimensão dos benefícios.

A dimensão dos benefícios descreve quais benefícios serão gerados, quais serão os seus resultados e qual será o desempenho de cada benefício.

Na dimensão dos benefícios, são respondidas as seguintes perguntas para os produtos, serviços e benefícios:

- Quais são as necessidades atuais e futuras de cada um dos segmentos de clientes?

- Quais são os requisitos atuais e futuros de cada um dos segmentos de clientes?
- Qual a importância destas necessidades e requisitos para cada um dos segmentos de clientes?
- Quais benefícios devem ser entregues para cada um dos segmentos de clientes?
- Como cada benefício entrega uma proposta de valor?
- Quais produtos e serviços são essenciais para entregar o benefício?
- O benefício entrega a proposta de valor prometida?
- Quais benefícios devem ser entregues para os influenciadores internos e externos?
- Como os clientes ficarão engajados com a marca, serviços e benefícios?

Dimensão do valor agregado

A criação de um protótipo com recursos, habilidades, capacidades e processos ajuda a identificação e desenvolvimento da dimensão do valor agregado.

Os componentes da dimensão do valor agregado são necessários para desenvolvimento dos serviços, para a geração dos benefícios e para a operação do modelo de negócio.

A dimensão do valor agregado responde as seguintes perguntas para os recursos, habilidades e capacidades:

- Quais recursos, capacidades e habilidades são essenciais para a dimensão dos benefícios?
- Como e onde obter os recursos, capacidades e habilidades?
- Quais recursos, capacidades e habilidades são fundamentais para o sucesso do modelo de negócio?
- Quais recursos, capacidades e habilidades são exclusivos do negócio?

- Como deve ser a integração dos recursos, capacidades e habilidades com os influenciadores internos e externos?

A dimensão do valor agregado responde as seguintes perguntas para os processos:

- Como a cadeia de valor agregado do setor foi desenvolvida?
- Qual é o papel da empresa na cadeia de valor agregado?
- Quais processos são necessários para a entrega da proposta de valor?
- Quais processos são necessários para as entregas, canais de comunicação e gestão do relacionamento com os clientes?
- Quais processos são executados pelos influenciadores internos e externos?
- Como eles estão integrados com os processos executados pelos membros do ecossistema?

Dimensão do ecossistema

A criação de um protótipo ajuda na identificação e detalhamento da dimensão do ecossistema.

Todas as partes internas e externas envolvidas nos processos devem fazer parte do protótipo.

O protótipo de dimensão do ecossistema descreve os membros, os canais de comunicação e a gestão do relacionamento.

As seguintes perguntas são respondidas na dimensão do ecossistema para os membros do ecossistema:

- Qual a contribuição de cada membro do ecossistema para o modelo de negócio?
- Quais recursos, capacidades e habilidades são da responsabilidade dos membros do ecossistema?

- Qual a situação da integração dos membros do ecossistema com a cadeia de valor agregado?
- Quais processos são executados pelos membros do ecossistema?
- Quais canais de comunicação com os clientes são da alçada dos membros do ecossistema?
- Como os membros do ecossistema suportam a entrega do valor proposto?

As seguintes perguntas são respondidas na dimensão do ecossistema para os canais de comunicação:

- Quais canais de comunicação são usados dentro do ecossistema?
- Quais canais de comunicação são efetivos?

As seguintes perguntas são respondidas na dimensão do ecossistema para a gestão dos relacionamentos:

- Qual é a efetividade do relacionamento entre os membros do ecossistema?
- Qual é a sensibilidade do custo do relacionamento entre os membros do ecossistema?
- Quais canais de comunicação devem ser desenvolvidos?
- Qual a situação da colaboração entre os membros do ecossistema?

Dimensão do resultado financeiro

A dimensão do resultado financeiro tem como objetivo a descrição das outras dimensões do modelo de negócio.

A dimensão do resultado financeiro tem forte influência na transformação digital do modelo de negócio.

A dimensão do resultado financeiro é formada pelas receitas e despesas geradas pelas ações e atividades das dimensões e componentes do modelo de negócio.

As seguintes perguntas são respondidas na dimensão do resultado financeiro para as receitas:

- Quantos clientes estão interessados nos produtos e serviços oferecidos?
- Quantos estão dispostos a pagar pelos benefícios entregues?
- Como as vendas dos benefícios contribuem para o fluxo de caixa?
- Qual a receita gerada por cada produto e serviço?
- Qual mecanismo funciona melhor para a geração de receita por cada um dos segmentos de clientes (aluguel por prazo determinado, venda etc.)?

As seguintes perguntas são respondidas na dimensão do resultado financeiro para as despesas:

- Quais são as despesas da operação do modelo de negócio?
- Quais são as despesas de cada dimensão e componente do modelo de negócio?
- Quais despesas são essenciais para a entrega da proposta de valor agregado?
- Quanto das despesas está relacionado com os recursos, capacidades e habilidades?
- Como o custo é impactado pela quantidade, preço etc.?
- Como é o mecanismo de pagamento dos membros do ecossistema (pagamentos de royalties etc.)?

Análise da cadeia de valor e dos atores

O objetivo da atividade é a melhoria do entendimento de uma indústria e do seu grau de digitalização.

São identificadas as etapas da cadeia de valor agregado, os atores responsáveis por cada etapa da cadeia de valor agregado e o modelo de negócio.

O grau de digitalização da cadeia de valor agregado é determinado com critérios padronizados (uso de tecnologias físicas e sociais, colaboração dentro do ecossistema etc.).

O grau de digitalização e da mudança do modelo de negócio depende da indústria.

Com base na análise da cadeia de valor agregado e dos atores é possível determinar o valor criado em cada estágio da cadeia e o valor criado por cada membro do ecossistema.

Identificação das necessidades e requisitos dos clientes

Para identificar as necessidades e requisitos dos clientes deve ser criada uma base de dados dos clientes baseada em critérios selecionáveis.

Perguntas para criação da base de dados dos clientes

- Como os clientes podem ser descritos (idade, sexo, estado civil, hobbies, residência, caráter etc.)?
- Quais são os relacionamentos com os clientes (social, família, escola, associações profissionais etc.)?
- Quem influencia os clientes (família, amigos etc.)?
- O que os clientes observam e ambicionam na sua vida pessoal e profissional?
- Como é o ambiente residencial e de trabalho dos clientes?
- O que os clientes escutam no seu ambiente de trabalho?
- O que está acontecendo na cabeça e coração dos clientes?
- Quais são os sentimentos dos clientes?
- O que incomoda os clientes?
- Quais assuntos interessam os clientes?
- Como os clientes agem em público?
- O que os clientes falam para as outras pessoas?
- O que traz felicidade para os clientes?

- Quais experiências agradam os clientes?
- O que os clientes querem alcançar?
- Quais são os objetivos e desejos dos clientes?
- O que motiva os clientes (economia de tempo e dinheiro, reconhecimento social etc.)?
- Quais são os problemas dos clientes?
- Quais são as necessidades atuais dos clientes?
- Quais atividades os clientes precisam fazer?
- Quais são os requisitos dos clientes?
- Quais facilidades e funcionalidades precisam estar presentes nos sistemas?
- Qual é o grau da redução dos custos desejado pelos clientes?
- Qual é o nível da melhoria dos processos desejado pelos clientes?
- Quais aspectos sociais e emocionais devem estar presentes nos processos etc.?
- O que causa frustração e preocupação para os clientes?
- Quais são os maiores obstáculos dos clientes?
- Quais são os maiores medos dos clientes?
- Quais são os maiores problemas dos clientes?
- Quais são os maiores desafios dos clientes (custos elevados, esforços excessivos, dificuldades inesperadas, aumento dos riscos etc.)?

Um perfil típico do cliente de cada segmento pode ser usado para descrever o comportamento dos grupos de clientes ou empresas.

No caso do relacionamento entre empresas o perfil típico deve descrever o comportamento da liderança (por exemplo, comportamento típico dos gerentes de compras, produção ou dos proprietários).

Para identificar as necessidades e requisitos dos clientes é preciso trabalhar com as seguintes categorias de benefícios:

- Benefícios funcionais. São frutos do uso das funções básicas do produto ou serviço.

- Benefícios econômicos. São frutos do desempenho do produto ou serviço.
- Benefícios dos processos. São frutos da facilidade de compra (economia de tempo, facilidades de pagamento etc.).
- Benefícios emocionais. São frutos da experiência do usuário no uso do produto ou serviço.
- Benefícios sociais. São frutos do reconhecimento social alcançado pelo uso do produto ou serviço.

Ambição digital: Definição dos objetivos

Objetivos e perguntas

A meta desta fase é o desenvolvimento da Ambição digital para o modelo de negócio.

Os objetivos são definidos em função da transformação digital e estão relacionados com as dimensões do modelo de negócio.

As seguintes perguntas são respondidas na fase da Ambição digital:

Quais são os objetivos para cada categoria da transformação digital (prazo de entrega, custos e receitas, infraestrutura e qualidade)?

Como os objetivos devem ser priorizados para cada uma das dimensões do modelo de negócio?

Atividades e ferramentas

Estabelecimento dos objetivos e prioridades das dimensões do modelo de negócio

Os objetivos são definidos conforme as quatro categorias para o modelo de negócio existente e para os componentes integrados do modelo de negócio.

As categorias são prazo de entrega, custos e receitas, infraestrutura e qualidade.

Na categoria prazo de entrega são definidos os objetivos que se relacionam com os aspectos temporais do modelo de negócio (produção e entregas mais rápidas etc.).

Na categoria custos e receitas são definidos os objetivos que se relacionam com aspectos financeiros do modelo de negócio (redução dos custos, aumento das vendas etc.).

Na categoria infraestrutura são definidos os objetivos dos aspectos da infraestrutura do modelo de negócio (rede de comunicações, automação etc.).

Na categoria qualidade são definidos os objetivos que se relacionam com aspectos qualitativos do modelo de negócio (qualidade dos relacionamentos, produtos, serviços, processos etc.).

As categorias levam em consideração todos os aspectos relevantes do ambiente de negócio.

Os objetivos definidos podem afetar várias categorias.

As dimensões e os objetivos do modelo de negócio devem ser priorizados.

Exemplo:
Categoria: **Prazo de entrega**

Objetivos da categoria com base nos componentes do modelo de negócio

- Resolver as indisponibilidades em até quatro horas
- Redução do tempo de produção para sete dias

- Entrega em até quatro horas

Categoria: **Custos e receitas**

Objetivos da categoria com base nos componentes do modelo de negócio

- Redução dos custos de vendas em 15%
- Redução do custo da logística em 10%
- Aumento da receita dos serviços em 7%

Categoria: **Infraestrutura**

Objetivos da categoria com base nos componentes do modelo de negócio

- Tráfego dos dados operacionais em tempo real
- Controle inteligente do estoque

Categoria: **Qualidade**

Objetivos da categoria com base nos componentes do modelo de negócio

- Manutenção preventiva para reduzir as indisponibilidades do sistema
- Melhoria da experiência do usuário

Potencial digital: Selecionando as opções
Objetivos e perguntas

O objetivo desta fase é identificar o potencial digital do modelo de negócio.

São estabelecidas nesta fase as melhores práticas e os habilitadores da transformação digital para o desenvolvimento das futuras opções do modelo de negócio.

As seguintes perguntas são respondidas na fase Potencial digital:

- Quais são as melhores práticas que existem na indústria?
- Qual é a situação inicial de cada opção?
- Qual é a definição dos problemas de cada opção?
- Qual é o objetivo de cada opção?
- Qual é a abordagem de cada opção?
- Qual é o resultado de cada opção?
- Quais habilitadores estão disponíveis para a transformação digital?
- Como os habilitadores estão relacionados com os dados, automação, infraestrutura, rede de comunicação e acesso ao cliente?
- Como deve ser desenvolvido o futuro do modelo de negócio?
- Quais são as opções disponíveis?

Atividades e ferramentas

1. Evolução das melhores práticas para a transformação digital

Descrição das melhores práticas
Critério: **Situação inicial**
Perguntas
- Qual a situação inicial da empresa?
- Como foi desenvolvido o modelo de negócio?

Critério: **Definição dos problemas**
Perguntas
- Quais são os problemas atuais?
- Por que o atual modelo de negócio deve ser transformado?

Critério: **Escolha dos objetivos**

Perguntas

- Quais objetivos devem ser definidos para a transformação digital (em termos do prazo de entrega, custos e receitas, infraestrutura e qualidade)?

Critério: **Soluções**

Perguntas

- Quais habilitadores serão usados?
- Quais aplicações estão disponíveis?
- Em que parte o modelo de negócio será transformado?
- Como será a criação de valor agregado?

Critério: **Resultados**

Perguntas

- Como foi desenvolvido o modelo de negócio?
- Como a transformação digital impactou o desempenho do modelo de negócio?

Evolução dos habilitadores da transformação digital

Um habilitador permite que aplicativos ou serviços sejam usados para a transformação digital do modelo de negócio.

As categorias de habilitadores são:

Dados: Captura, processamento e análise para melhorar as previsões e decisões.

Automação: A combinação das tecnologias de inteligência artificial permite o trabalho autônomo e a execução de sistemas auto-organizados. Estes sistemas reduzem as taxas de erro, aumentam a velocidade das entregas e reduzem os custos operacionais.

Infraestrutura: Utilização das redes de telecomunicações de alta performance em todo o ecossistema para sincronizar as cadeias de suprimentos, reduzir o tempo de produção e gerar ciclos de inovação mais curtos.

Acesso ao cliente: As redes de telecomunicações permitem o acesso direto ao cliente. É possível ter desta forma um nível mais alto de transparência e de novos serviços.

A alavancagem dos habilitadores da transformação digital permite o desenvolvimento de um novo modelo de negócio, de uma nova experiência do usuário e de uma nova rede de criação de valor agregado.

Desenvolvimento de opções para o modelo de negócio futuro

Com base nas melhores práticas e nos habilitadores, o futuro dos componentes do modelo de negócio pode ser visualizado.

É importante listar todas as opções sem fazer avaliações. As perguntas que devem ser respondidas são:

- Quais componentes do modelo de negócio devem ser digitalizados e de que forma?
- Como comparar a digitalização proposta com as soluções adotadas pelas outras plataformas?
- Como os habilitadores podem ser usados para melhorar os componentes do modelo de negócio?
- É possível melhorar o processo de manutenção ou aumentar a previsibilidade dos intervalos de manutenção usando o Big Data?

Análise dimensional

Dimensão do modelo de negócio:
Dimensão dos clientes

Componentes da dimensão do modelo de negócio:
Segmentos de clientes
Canais de comunicação com os clientes
Gestão do relacionamento com os clientes

Opções futuras:
Quais canais de comunicação podem ser utilizados no futuro?
Como será a gestão do relacionamento com os clientes no futuro?
Quais serviços poderão ser oferecidos no futuro?
Como os serviços serão digitalizados?

Dimensão do modelo de negócio:
Dimensão dos usuários

Componentes da dimensão do modelo de negócio:
Serviços e produtos
Benefícios

Opções futuras:
Redução do consumo de energia
Redução dos custos
Aumento da previsibilidade do intervalo de manutenção
Dimensão do modelo de negócio:
Dimensão do valor agregado

Componentes da dimensão do modelo de negócio:
Recursos
Capacidades
Processos

Opções futuras:
Sensores nos produtos inteligentes
Plataformas com dados comparáveis
Evolução do capital intelectual

Inteligência das multidões
Análise dos dados
Quais processos podem ser digitalizados?

Como a digitalização acelera os processos?

Dimensão do modelo de negócio:
Dimensão do ecossistema

Componentes da dimensão do modelo de negócio:
Membros do ecossistema
Canais de comunicação
Gestão do relacionamento

Opções futuras:
Plataforma empresarial
Especialização na análise de dados

Dimensão do modelo de negócio:
Dimensão do resultado financeiro

Componentes da dimensão do modelo de negócio:
Receitas
Despesas

Opções futuras:
Quais processos de vendas podem ser digitalizados?
Quais processos de despesas podem ser digitalizados?

O desenvolvimento das opções para o modelo de negócio futuro é baseado nos objetivos estabelecidos.

As opções para o modelo de negócio devem considerar as necessidades e requisitos dos clientes e de todos os membros dentro do ecossistema.

As opções devem projetar uma evolução da experiência do usuário.

As opções também devem criar uma rede de valor agregado.
O desenvolvimento do futuro do modelo de negócio é feito dentro de um sistema que captura as várias opções, os padrões fundamentais do modelo de negócio, as melhores práticas, os habilitadores e os facilitadores.

Adaptação digital: Avaliação dos ajustes

Objetivos e perguntas
O objetivo desta fase é avaliar a adaptação do modelo de negócio.

As opções selecionadas precisam ser combinadas e integradas de forma apropriada ao modelo de negócio existente.

As combinações são avaliadas em termos do ajuste do modelo de negócio, do endereçamento das necessidades e requisitos dos clientes e da entrega dos objetivos propostos.

As seguintes perguntas são respondidas na fase de Adaptação digital:

- Quais combinações coerentes existem dentro do espectro de opções?
- Como as combinações podem ser avaliadas em termos da adaptação do modelo de negócio existente?
- Como as combinações podem ser avaliadas em relação ao endereçamento das necessidades e requisitos dos clientes?
- Como as combinações podem ser avaliadas em relação aos objetivos da transformação digital?

Atividades e ferramentas

Várias ferramentas são utilizadas nas atividades para alcançar os resultados propostos.

Conjuntos de combinações de opções

São determinadas para as opções selecionadas as combinações mais adequadas.

As opções selecionadas devem ser compatíveis para que as diferentes combinações possam ser integradas ao modelo de negócio existente.

Avaliação das combinações

A avaliação das várias combinações das opções ocorre em função da adequação ao modelo de negócio existente, ao endereçamento dos requisitos e necessidades dos clientes e aos objetivos propostos.

A adequação ao modelo de negócio existente responde as seguintes perguntas:

- Como a combinação de opções se encaixa com os componentes atuais da dimensão dos clientes?
- Como a combinação de opções se integra com os componentes existentes da dimensão dos benefícios?
- Como a combinação de opções se encaixa com os componentes atuais da dimensão do valor agregado?
- Como a combinação de opções se integra com os elementos existentes da dimensão do ecossistema?
- Como a combinação de opções se encaixa com os componentes atuais da dimensão do resultado financeiro?

O endereçamento das necessidades e requisitos dos clientes responde as seguintes perguntas:

- Como a combinação de opções contribui para a entrega dos benefícios funcionais?
- Como a combinação de opções contribui para a entrega dos benefícios econômicos?

- Como a combinação de opções contribui para a entrega dos benefícios dos processos?
- Como a combinação de opções contribui para a entrega dos benefícios emocionais?
- Como a combinação de opções contribui para a entrega dos benefícios sociais?

O endereçamento da entrega dos objetivos responde as seguintes perguntas:

- Como a combinação de opções contribui para a entrega dos objetivos dentro do prazo proposto?
- Como a combinação de opções contribui para a entrega dos objetivos financeiros?
- Como a combinação de opções contribui para a entrega dos objetivos da infraestrutura?
- Como a combinação de opções contribui para a entrega dos objetivos qualitativos?

A avaliação é feita em termos de quais mudanças geram benefícios para os clientes e como as mudanças são integradas ao modelo operacional da empresa.

É possível digitalizar processos de negócios, entregas de benefícios e desenvolvimento de competências.

A digitalização interna transforma tanto os benefícios entregues, quanto o valor agregado. Por exemplo:

- Criação de serviços digitais
- Ampliação da oferta dos produtos existentes via plataformas digitais
- Uso de tecnologias para reduzir os custos na cadeia de suprimentos

- Uso de tecnologias para reduzir os custos na gestão dos processos
- Uso de tecnologias na realização de reuniões
- Etc.

A digitalização externa é a transformação da dimensão dos clientes, do ecossistema e do valor agregado. Por exemplo:

- Uso de ferramentas de rastreamento para analisar os comportamentos dos clientes e fazer previsões sobre o seu comportamento nas compras futuras
- Uso de múltiplos canais integrados de comunicação (celulares, sites, mídias sociais etc.) para melhorar a experiência do usuário
- Etc.

A digitalização paralela é a transformação interna e externa feita de forma simultânea.

Modelo simplificado de categorização e priorização dos critérios de decisão

Categoria: Modelo de negócio existente

Critérios:
- Integração com a dimensão do consumidor existente
- Integração com a dimensão do valor agregado existente
- Integração com a dimensão do ecossistema existente
- Integração com a dimensão do resultado financeiro existente

Combinação de opções:
- Peso por critério (1 = não é importante, 5 = é muito importante)
- Nota por critério (1 a 10)
- Pontuação = peso x nota de cada critério

Categoria: Endereçamento das necessidades e requisitos dos clientes

Critérios:

- Contribuição para os benefícios funcionais
- Contribuição para os benefícios econômicos
- Contribuição para os benefícios relacionados aos processos
- Contribuição para os benefícios emocionais
- Contribuição para os benefícios sociais

Combinação de opções:

- Peso por critério (1 = não é importante, 5 = é muito importante)
- Nota por critério (1 a 10)
- Pontuação = peso x nota de cada critério

Categoria: Entrega dos objetivos

Critérios:

- Contribuição para a entrega dos objetivos dentro do prazo proposto
- Contribuição para a entrega das metas financeiras
- Contribuição para a entrega dos objetivos da infraestrutura
- Contribuição para a entrega das metas de qualidade

Combinação de opções:

- Peso por critério (1 = não é importante, 5 = é muito importante)
- Nota por critério (1 a 10)
- Pontuação = peso x nota de cada critério

Pontuação total = somatória das pontuações de todos os critérios

Implementação digital: Habilitando a execução

Objetivos e perguntas

O objetivo desta fase é realizar a implementação do modelo de negócio que foi finalizado.

São desenvolvidas nesta fase a experiência do usuário e a rede de criação de valor agregado.

As seguintes perguntas são respondidas na fase da implementação digital:

- Como o modelo de negócio pode ser finalizado e implementado?
- Quais mudanças devem ser feitas no modelo de negócio existente?
- Em qual ordem as mudanças devem ser feitas?
- Quais projetos devem ser executados?
- Como a experiência do usuário deve ser desenvolvida?
- Quais habilitadores devem ser usados no desenvolvimento da experiência do usuário?
- Quais aplicações foram desenvolvidas em conformidade com os habilitadores?
- Como a rede de criação de valor agregado deve ser desenvolvida?
- Como os membros do ecossistema devem ser integrados com a rede de criação de valor agregado?
- Quais habilitadores devem ser usados dentro do ecossistema?
- Quais aplicativos usam estes habilitadores?
- Quais recursos, capacidades e habilidades são necessários para executar a implementação digital?

Atividades e ferramentas

As ferramentas são utilizadas na execução das atividades para alcançar as metas propostas.

Finalização e implementação do modelo de negócio

Com base na avaliação da combinação de opções mais promissora é feita a integração das mudanças propostas com o modelo de negócio existente.

Após a integração é desenvolvido o plano de ações para implementar o novo modelo de negócio.

Os recursos, capacidades e habilidades impactam o desenvolvimento do plano de ações para implementar o modelo de negócio.

A escala de evolução da transformação digital começa com um produto analógico, passa para o produto inteligente, avança para o produto inteligente conectado, cresce para um sistema inteligente conectado que incorpora o produto inteligente conectado e chega à integração dos sistemas inteligentes conectados.

A incorporação do produto com o modelo de negócio e com os sistemas integrados com os sistemas é o motor que impulsiona as mudanças.

O produto analógico pode ser o motor instalado dentro de um eletrodoméstico.

O produto inteligente trabalha com os dados coletados pelos sensores do motor analógico para otimizar o consumo de energia elétrica do eletrodoméstico.

Quando o eletrodoméstico é um membro da infraestrutura da casa inteligente, os produtos inteligentes conectados formam uma rede inteira.

A rede da casa inteligente pode fazer parte de outras redes. Por exemplo, a rede do edifício inteligente conectado.

A incorporação de serviços aos produtos inteligentes dos membros da rede gera um sistema de produtos.

O sistema formado por um edifício inteligente conectado inclui serviços como a gestão de riscos, continuidade operacional, disponibilidade etc.

A melhoria da gestão de riscos contribui para melhorar o planejamento e implementação de procedimentos internos de segurança.

Os especialistas de vários domínios do conhecimento com acesso ao sistema do edifício inteligente podem implementar soluções sob medida para os membros do condomínio.

A evolução da gestão de riscos gera benefícios para os clientes, aumenta o nível de retenção, gera diferenciação em relação aos competidores, melhora a colaboração entre os membros do ecossistema e reduz os custos,

O gerenciamento de riscos garante a segurança do edifício e o aumento da produtividade do uso dos recursos compartilhados pela análise dos dados.

A avaliação e respectiva validação das fontes de dados é feita com a ajuda das facilidades de integração automatizada.

As funções podem ser adaptadas para todos os tipos de condôminos.

A análise precisa da capacidade habilita o desenvolvimento de soluções sob medida.

Desenvolvimento da experiência do usuário

A experiência do usuário é desenvolvida com base nas necessidades e requisitos dos clientes.

As perspectivas dos clientes são determinadas na fase de captura das necessidades e requisitos.

São estabelecidos para cada fase os requisitos, as tarefas e a experiência dos pré-requisitos.

Os serviços e os habilitadores são definidos neste momento.

A descrição da experiência do usuário é desenvolvida para analisar as fases mais importantes do ponto de vista dos clientes.

Fases da experiência do usuário

- Compra e uso
- Pós-venda
- Sugestão
- Avaliação
- Compra e uso
- ...

Compra e uso

- Quais são necessidades dos clientes na fase de compra e uso?
- Quais tarefas eles têm que fazer?
- Qual experiência de usuário os clientes gostariam de ter?
- Quais serviços e aplicações devem ser oferecidos?
- Quais são os habilitadores disponíveis?

Pós-venda

- Quais as necessidades que os clientes têm na fase pós-venda?
- Quais atividades eles têm que fazer?
- O que os clientes gostariam de experimentar?
- Quais os serviços e aplicativos devem ser oferecidos?
- Quais são os habilitadores disponíveis?

Sugestão

- Quais as necessidades que os clientes têm na fase de sugestão?
- Quais tarefas eles têm que fazer?
- O que eles gostariam de experimentar?
- Quais serviços e aplicativos devem ser oferecidos?
- Quais são os habilitadores disponíveis?

Avaliação

- Quais as necessidades que os clientes têm na fase de avaliação?
- Quais atividades eles têm que fazer?
- O que eles gostariam de experimentar?
- Quais serviços e aplicativos devem ser oferecidos?
- Quais são os habilitadores disponíveis?

Exemplo:
Experiência do usuário: Uso de um eletrodoméstico

Fase: Pré-teste
Necessidades

- Cumprir os requisitos de segurança em relação ao uso do eletrodoméstico

Atividades

- Desempenho das pré-verificações com base nos regulamentos de segurança

Serviços

- Determinação da real condição de funcionamento do eletrodoméstico

Habilitadores

- Utilização de sensores para determinar a situação atual do equipamento

Fase: Uso do eletrodoméstico

Necessidades

- Redução do consumo de energia elétrica
- Efetividade econômica no uso do equipamento

Atividades

- Escolha da configuração do eletrodoméstico que melhor atende a necessidade do cliente
- Otimização do consumo de energia

Serviços

- Cálculo da efetividade do consumo de energia das configurações do eletrodoméstico que atendem as necessidades do cliente
- Estabelecimento da configuração mais efetiva

Habilitadores

- Coleta de dados através de sensores
- Análise de dados em função da situação atual, configuração ideal e otimização do consumo de energia elétrica
- Conexão com os outros dispositivos da casa inteligente

Fase: Pós-teste
Necessidades

- Determinação da situação do funcionamento do eletrodoméstico
- Determinação confiável da condição de funcionamento de cada componente do eletrodoméstico

Atividades

- Execução das rotinas de manutenção preventiva com base nas normas de segurança

Serviços
- Informações sobre a manutenção preventiva
- Determinação da situação atual de funcionamento de cada componente do eletrodoméstico

Habilitadores
- Uso do Big Data para determinar os requisitos de manutenção
- Utilização de sensores para determinar os requisitos de manutenção

Fase: Manutenção
Necessidades
- Disponibilidade de partes sobressalentes de forma rápida e confiável

Atividades
- Encomenda rápida e fácil de peças de reposição
- Rápido reparo do eletrodoméstico

Serviços
- Entrega rápida e confiável das peças de reposição (algumas poucas horas)

Habilitadores
- Fabricação aditiva de peças de reposição para os clientes

Desenvolvimento da rede de criação de valor agregado e da integração dos membros do ecossistema

Com base na análise da cadeia de valor agregado, nos membros do ecossistema, no modelo final de negócio é desenvolvida a rede de criação de valor agregado.

O papel desempenhado pela "cola" do ecossistema (líder do ecossistema) é de crucial importância para a finalização e implementação do modelo de negócio, para o desenvolvimento da rede de criação de valor agregado e para a criação iterativa da experiência do usuário.

Os ajustes são feitos com base nos testes iterativos.

O fabricante do eletrodoméstico se conecta com os serviços de eficiência que se conecta com o provedor de manutenção que se conecta com os habilitadores (plataformas, sensores etc.) que se conecta com os provedores externos.

No cenário ideal, os processos descritos resultam em um modelo de negócio inteligente que é caracterizado pela integração da infraestrutura com uma nuvem.

Ou seja, é um sistema de sistemas. Um modelo de negócio inteligente com a infraestrutura tecnológica dentro de uma nuvem.

O ponto de partida para o cenário ideal é um modelo de negócio com produtos, serviços, processos etc.

O software inclui sistema operacional, aplicativos e interfaces amigáveis com os usuários.

O hardware inclui sensores, processadores, redes, telecomunicações e componentes mecânicos tradicionais.

A comunicação entre os produtos, serviços, processos etc. ocorre dentro da rede da nuvem.

O modelo de negócio inteligente dentro da nuvem executa aplicações, implementa a análise de regras, opera uma plataforma de aplicativos e usa um banco de dados acurado.

Exemplo:
Comunicação

Modelo de negócio inteligente na nuvem com aplicações, mecanismos de análises, plataforma de aplicações e banco de dados.

Identidade e segurança

- Conexão da rede interna com a rede externa de comunicação
- Modelo de negócio com softwares, hardwares e serviços
- Integração com fontes de dados externas

Ecossistema com modelo inteligente de negócio na nuvem

- Integração com os sistemas corporativos
- Modelo inteligente de negócio com os clientes na nuvem

Os aplicativos inteligentes usam os recursos em nuvem para executar de forma autônoma a monitoração, o controle e a otimização dos softwares.

A análise dos componentes do modelo de negócio é feita com base nas regras, na lógica empresarial e nos recursos disponíveis.

A avaliação permite a descoberta de novas informações sobre os produtos, serviços, processos etc.

A plataforma de aplicativos oferece um ambiente robusto de desenvolvimento de aplicativos inteligentes.

Os desenvolvedores estão conectados em uma rede com acesso aos dados.

As ferramentas para a execução e visualização dos parâmetros dos aplicativos podem ser criadas rapidamente.

O banco de dados registra tanto o histórico das informações, quanto os dados gravados em tempo real.

Os dados são agregados, normalizados e gerenciados.

O modelo de negócio inteligente dentro da nuvem está conectado com os sistemas corporativos de cada membro do ecossistema.

Os modelos de negócios dos clientes estão conectados com o modelo de negócio inteligente armazenado na nuvem.

A rede da nuvem conecta o modelo inteligente de negócio com várias fontes de dados externas.

Os sistemas corporativos de infraestrutura do negócio (*Enterprise Resource Planning, Customer Relationship Management*, Sistema de Excelência do Ponto de Venda, *Product Lifecycle Management, Customer Management Best Practices* etc.) estão conectados com o modelo inteligente de negócio.

As ferramentas usadas no modelo inteligente de negócio alimentam sistemas internos.

As ferramentas são inteligentes e operam em uma rede segura com os principais sistemas corporativos.

As fontes de dados externas alimentam o banco de dados corporativo com informações sobre: temperatura, clima, tráfego, preço da energia elétrica, gasolina, diesel, postagens nas mídias sociais, geolocalização dos clientes etc.

Estas informações são usadas pelas funções do modelo de negócio.

A segurança digital e a privacidade dos usuários são asseguradas pelas ferramentas que gerenciam o perfil dos usuários e monitoram e controlam o acesso aos sistemas.

O objetivo é garantir a segurança do modelo de negócio em um ambiente de elevada conectividade da rede e dos componentes do modelo com a nuvem.

Referências

https://www.researchgate.net/publication/304892960_Understanding_the_role_of_design_thinking_methods_and_tools_in_innovation_process, Understanding the role of design thinking methods and tools in innovation process, acessado em 24/09/2021

https://bmilab.com/blog/2020/3/19/the-5-steps-for-implementing-digital-business-models, The 5 steps for implementing digital business models, acessado em 24/09/2021

https://hbr.org/insight-center/how-digital-business-models-are-changing, How Digital Business Models Are Changing, acessado em 24/09/2021

https://www.researchgate.net/publication/276404513_Business_Model_Management_Typologies-Cognitive_Mapping_of_Business_Model_Landscapes, Business Model Management Typologies–Cognitive Mapping of Business Model Landscapes, acessado em 24/09/2021

https://www.i-scoop.eu/digital-transformation/, What is digital business transformation? The essential guide to DX, acessado em 24/09/2021

Capítulo 8

Resumo da Transformação Digital do Modelo de Negócio

Realidade digital

Objetivo
Conhecer a Realidade digital do empreendimento

Atividades
- Analisar a cadeia de valor agregado
- Avaliar os membros do ecossistema
- Capturar as necessidades e requisitos dos clientes
- Identificar de forma detalhada o modelo de negócio existente

Resultados
- Explicitação tanto da cadeia de valor agregado, quanto dos membros do ecossistema
- Explicitação das necessidades e requisitos dos clientes
- Descrição robusta e padronizada do modelo de negócio existente

Ambição digital

Objetivo
Desenvolver a Ambição digital para o modelo de negócio

Atividades
- Definir os objetivos da transformação digital
- Priorizar as dimensões do modelo de negócio

Resultados
- Explicitação dos objetivos por categoria para a transformação digital
- Explicitação das dimensões relevantes do modelo de negócio

Potencial digital

Objetivo
Identificar o Potencial digital do modelo de negócio

Atividades
- Identificar as melhores práticas para a transformação digital
- Identificar os habilitadores da transformação digital
- Desenvolver as opções para o modelo de negócio futuro

Resultados
- Explicitação das melhores práticas para a transformação digital
- Explicitação dos habilitadores para a transformação digital
- Explicitação das opções para a transformação digital

Adaptação digital

Objetivo
Avaliar a adaptação do modelo de negócio

Atividades
- Determinar as combinações de opções
- Avaliar as combinações de opções em termos da adaptação ao modelo de negócio existente
- Avaliar as combinações de opções em termos do endereçamento das necessidades e requisitos dos clientes

- Avaliar as combinações em termos da entrega dos objetivos propostos

Resultados
- Avaliação das combinações de opções do modelo de negócio para a sua finalização

Implementação digital

Objetivo
Implementar o modelo de negócio

Atividades
- Finalizar o modelo de negócio
- Implementar o modelo de negócio
- Desenvolver a experiência do usuário
- Desenvolver a rede de criação de valor agregado
- Desenvolver a integração dos membros do ecossistema

Resultados
- Finalização do modelo de negócio
- Implementação do modelo de negócio
- Entrega da experiência do usuário
- Criação da rede de valor agregado do ecossistema

O modelo de processos facilita a transformação digital do modelo de negócio.

É possível aplicar tanto o modelo de processos completo, quanto uma customização que combina ou pula fases e atividades individuais.

Conclusões

O Roteiro para a Transformação Digital descreve as principais definições para a transformação digital de um modelo de negócio nos capítulos 1 e 2.

Nos capítulos 3 e 4 foram apresentados os conceitos e definições da transformação digital de um modelo de negócio (síntese dos capítulos anteriores), o futuro da transformação digital e os componentes da transformação digital.

No capítulo 5 foram apresentados alguns exemplos de transformações bem-sucedidas do modelo de negócio.

Os exemplos são completos e mostram o ponto de partida, os problemas para serem resolvidos, os objetivos, as abordagens das soluções, os resultados alcançados e aplicação dos processos para a fase de Realidade digital.

Nos capítulos 6 e 7 foram apresentadas as abordagens para os projetos de transformação digital e foi desenvolvido um roteiro para guiar a empresa na direção do sucesso da transformação digital.

O roteiro foi dividido em cinco fases: Realidade digital, Ambição digital, Potencial digital, Adaptação digital e Implementação digital.

As fases do roteiro foram detalhadas em conjunto com os seus objetivos e perguntas.

As respostas das perguntas relevantes foram usadas para estabelecer os objetivos.

As atividades necessárias para alcançar os objetivos foram apresentadas em conjunto com as ferramentas para a sua execução.

No capítulo 8 foi apresentado o resumo do modelo de procedimento que consolida todas as fases do roteiro (objetivos, atividades e resultados).

O roteiro e o modelo de procedimento para a transformação digital de um negócio são baseados nas diversas abordagens disponíveis na literatura e na experiência profissional do autor.

Ao final da leitura, o leitor adquiriu com o Roteiro para a Transformação Digital os seguintes conhecimentos:

- Como fazer a transformação digital de um modelo de negócio usando um roteiro com várias fases
- Como executar as atividades e as ferramentas para cada fase do roteiro
- Como entender os conceitos da fase de Realidade digital
- Como definir os objetivos para a transformação digital na fase de Ambição digital
- Como desenvolver os conjuntos de opções para o modelo de negócio na fase do Potencial digital
- Como avaliar a adequação dos conjuntos de opções na fase de Adaptação digital
- Como executar as mudanças necessárias para a transformação digital do modelo de negócio na fase da Implementação digital

Referências

https://www.roots-program.com/pdf/-/document_library/OFdIqS70dLaG/view_file/70492, IBM - Digital Transformation Creating new business models where digital meets physical, acessado em 24/09/2021

https://www.altexsoft.com/whitepapers/digital-transformation-reshaping-business-to-meet-digital-age/, Digital Transformation: Reshaping Your Business to Meet the Digital Age, acessado em 24/09/2021 https://volantis.io/blog/path-to-digital-transformation-where-digital-meets-physical, Path to Digital Transformation: Where Digital Meets Physical, acessado em 24/09/2021

https://www.artificial-solutions.com/digital-transformation, Digital Transformation:

The Definitive Guide (2021), acessado em 24/09/2021

Parte 2:

Governança da Transformação Digital

Prefácio

A Governança da Transformação Digital contribui para o entendimento da transformação digital de um modelo de negócio.

Ela é o ponto de partida do desenvolvimento de uma base de conhecimento multidisciplinar que irá facilitar o entendimento dos processos da digitalização de um negócio.

Os principais objetivos da Governança da Transformação Digital são:

- Identificar os fatores externos que reforçam a necessidade da transformação digital do modelo de negócio

- Discutir os estratagemas da transformação digital do modelo de negócio em função dos recursos necessários, da estrutura organizacional, da estratégia de crescimento e das métricas.

Capítulo 1

Introdução

A transformação digital do modelo de negócio das empresas afeta toda a sociedade.

Ela tem profundo impacto na microeconomia e nos processos operacionais das empresas.

Durante a pandemia do novo coronavírus, as empresas tiveram a rara oportunidade de explorar as potencialidades digitais do seu empreendimento e mudar radicalmente o seu modelo de negócio pela adoção das seguintes tecnologias físicas e sociais:

- Rede social
- Mobilidade
- Big Data
- Internet das Coisas
- Blockchain
- Etc.

A digitalização exige mudanças nas operações do ecossistema e modifica os produtos, os processos, as estruturas organizacionais e as práticas de gestão das empresas.

Durante a pandemia do novo coronavírus a sociedade enfrentou uma mudança radical de comportamento por causa da introdução em larga escala das tecnologias digitais.

O interesse dos clientes foi disputado intensamente pelas empresas presentes fisicamente e virtualmente no mercado.

Não é mais preciso estar fisicamente em um lugar para fechar negócios.

Muitas barreiras foram superadas via reuniões e encontros virtuais.

É possível fazer negócios online com pessoas de outras cidades, países e continentes com baixo custo.

A digitalização abriu um oceano de novas oportunidades de negócios.

A globalização dos negócios acirrou fortemente a disputa pelos clientes em todos os segmentos da economia.

A realidade gerada pela pandemia do novo coronavírus criou uma forte tensão entre os agentes do mercado.

Para sobreviver, os CNPJs entregaram para os seus clientes diversos benefícios digitais.

A transformação digital do modelo de negócio exige que a organização adote uma metodologia que defina com clareza os seguintes aspectos:

- Estratégias da digitalização
- Instrumentos necessários para a execução das ações
- Modelos para a implantação das mudanças
- Influências externas e internas

Capítulo 2

Transformação Digital

- A transformação digital é a fusão da TIC com as pessoas via a integração das tecnologias físicas com as sociais.
- Para superar os obstáculos que impedem a realização de uma lucratividade superior é preciso impactar as estruturas dos atuais paradigmas corporativos.
- A governança da transformação digital gera novos modelos de negócio tanto pela melhoria da experiência do usuário, quanto pela recapacitação do capital intelectual coletivo, quanto pela sabedoria das multidões.

Em uma sociedade, a transformação digital é o resultado da fusão do ambiente de Tecnologia de Informações e Comunicações (TIC) com as pessoas.

O resultado da fusão é o encapsulamento em um único sistema de diversas tecnologias digitais (rede social, mobilidade, análise analítica dos dados e informações, armazenamento em nuvem, Internet das Coisas, Blockchain, NFT, cidades inteligentes etc.).

Em uma empresa, a transformação digital é o resultado da integração das tecnologias físicas e sociais com os processos de negócios.

O contexto digital para o ambiente de negócios criou um formato novo para a microeconomia.

Algumas inovações aprimoraram tanto a execução, quanto o alcance de um empreendimento comercial.

A transformação digital do modelo de negócio impacta os seguintes paradigmas de uma organização:

- Ambiente externo. Melhoria tanto da experiência do usuário, quanto da mudança do ciclo de vida dos produtos e serviços

- Ambiente interno. Mudanças tanto nos objetivos do negócio, quanto nas lideranças, quanto na estrutura hierárquica

- Ecossistema e comunidade. Mudanças tanto na cadeia de suprimentos, quanto no plano de negócio, quanto nos influenciadores, quanto nos novos modelos de negócio.

A transformação digital tem por característica de construção a natureza multidisciplinar, por isto, ela é diferente das transformações anteriores que eram focadas apenas nos recursos disponíveis entregues pela organização de Tecnologia de Informações e Comunicações (TIC).

Todas as indústrias, empresas, organizações etc. estão enfrentando sem exceção dificuldades para perceber o real significado da transformação digital.

Existem inúmeros obstáculos que precisam ser superados para aumentar a lucratividade com a digitalização do negócio.

O aumento da lucratividade do empreendimento através da digitalização do negócio exige os seguintes aspectos:

- Endereçamento das necessidades dos consumidores
- Aumento da lucidez das escolhas corporativas

- Comunicação clara e transparente da abordagem de transformação.

É fato que apenas a minoria das organizações conseguiu criar um roteiro de implantação da transformação digital atendendo os requisitos de aptidões administrativas para o capital intelectual e mecânicas para a implantação das inovações digitais.

As dificuldades institucionais e os desafios de autoridade são atualmente as maiores barreiras para a digitalização das empresas brasileiras.

Existe uma clara ausência de criticidade, visão e coerência nas decisões tomadas pelos executivos no Brasil.

A experiência inovadora de diversos especialistas está sendo ignorada no território brasileiro (especialistas, com histórico importante em inovações executadas em conformidade com a legislação vigente, não estão sendo aproveitados pelo mercado nacional).

As dificuldades institucionais da transformação digital podem ser superadas se existir o entendimento de como as mudanças empoderadas pela inovação funcionam.

Na maioria das empresas nacionais existe um ambiente de aversão ao risco em que as mudanças são rejeitadas por pessoas que não reconhecem a nova situação do mercado.

Estes indivíduos criam um obstáculo social para as mudanças de tamanha intensidade que a maior parte das pessoas não percebe que a organização está trilhando em passos largos a estrada do atraso.

A transformação digital exige o desenvolvimento de um plano estratégico economicamente viável para as tecnologias físicas e sociais.

Os avanços digitais e o desenvolvimento das capacidades do capital intelectual são processos que têm início, mas não têm fim.

Cada conquista do desenvolvimento digital da organização é seguida de uma nova oportunidade de crescimento.

As inovações digitais geram a expectativa de um gerenciamento superior do empreendimento por causa dos seguintes aspectos:

- Novos modelos de negócio
- Melhoria da experiência do usuário
- Recapacitação do capital intelectual

A transformação digital dos negócios impacta o comportamento de todos os indivíduos da sociedade tanto pela criação de novas habilidades e paradigmas culturais, quanto pela criação de um sistema produtivo interativo.

As seguintes perguntas precisam ser respondidas para que a lucratividade do negócio aumente com a digitalização.

- Como as empresas definem e executam as suas estratégias de transformação digital?
- Por que é preciso ter uma metodologia estruturada e organizada para transformação digital do modelo de negócio?

Capítulo 3

Desafios de Transformação Digital

- A transformação digital exige mudanças no comportamento de todos os membros do ecossistema, pois os processos corporativos são reformulados.
- É preciso enfrentar os paradigmas corporativos para superar as barreiras antimudanças.
- Diversas escolhas devem ser feitas em relação às mudanças na comunicação com clientes durante a transformação digital, pois a empresa deve analisar de forma sistemática as vantagens oferecidas por cada inovação.
- As melhorias realizadas na experiência do usuário devem ser avaliadas em todos os pontos de contato com os clientes.

As organizações perceberam a necessidade de supervisionar a transformação digital, pois elas entenderam que estavam diante de um empreendimento grandioso e desconcertante que exigia definições técnicas e execuções de ações de alto nível para criar uma realidade nova.

A capacidade de desenvolvimento do capital intelectual do ecossistema é um dos fatores críticos de sucesso para o avanço digital.

Os executivos das empresas nacionais entendem que a digitalização do negócio é capaz de reaquecer a capacidade de gerar lucro do empreendimento.

Muitos executivos brasileiros sabem que a transformação digital não é um mero avanço nas inovações.

Ela exige uma mudança radical no comportamento de todos os membros do ecossistema, pois os processos corporativos são reformulados.

A estratégia da digitalização desempenha um papel central na implementação das novas tecnologias.

Toda a hierarquia é encorajada na direção da compreensão dos princípios básicos da digitalização do negócio e dos esforços de transformação.

É preciso planejar tanto a estrutura técnica das mudanças, quanto a coordenação do comprometimento dos influenciadores do projeto.

A priorização das iniciativas é um instrumento gerencial que viabiliza a execução do roteiro da transformação digital.

O desenvolvimento do plano estratégico da transformação do modelo de negócio deve considerar a necessidade de adotar uma metodologia eficaz para o roteiro da digitalização.

A metodologia adotada para o roteiro de implantação da digitalização depende do modelo de negócio escolhido pela organização.

A estratégia corporativa responde à pergunta sobre qual segmento de mercado a empresa pretende atuar.

A estratégia de negócios responde as seguintes perguntas:

- Qual é a estratégia de competição da empresa no segmento de mercado?
- Qual é a importância da estratégia operacional?

- Como a estratégia operacional gera uma vantagem competitiva?

O roteiro de implantação da transformação digital responde as seguintes perguntas:

- Qual é a importância da estratégia para a realização das mudanças?
- Qual é a utilidade da estratégia em cada uma das situações previstas no planejamento?

O roteiro de implantação da transformação digital permite que a organização faça escolhas apropriadas nas principais áreas do segmento de negócio da empresa.

O roteiro incorpora alguns dos experimentos aplicados nas inovações testadas (existem casos em que todos os experimentos foram incorporados).

O estudo de caso que consolida o resultado de longo prazo de cada uma das fases da inovação conforme o seu respectivo peso na lucratividade do negócio é realizado durante o desenvolvimento do roteiro de implantação da transformação digital.

O potencial de crescimento da lucratividade no longo prazo é o resultado da avaliação holística do portfólio das mudanças.

O objetivo final da avaliação é o entendimento da condição atual da operação da organização e a identificação das ameaças e vulnerabilidades relacionadas com as tecnológicas selecionadas.

A avaliação também identifica as oportunidades e os pontos fortes do avanço digital na organização.

O trabalho de capacitação do capital intelectual para as novas necessidades do negócio é feito para satisfazer as necessidades dos clientes.

Para conquistar os objetivos atuais e futuros do negócio, a organização precisa do avanço gerado tanto pelas tecnologias físicas, quanto pela capacidade do capital intelectual de usar adequadamente os recursos disponíveis.

O volume de investimento para a transformação digital permite a determinação do impacto das tecnologias físicas e sociais no negócio.

O orçamento de investimento também sinaliza a necessidade de programas especiais de mudança para garantir que o desenvolvimento da estrutura da organização ocorra em paralelo com as inovações.

Diversas escolhas importantes devem ser feitas em relação às mudanças na comunicação com clientes durante a transformação digital.

A empresa deve analisar de forma sistemática as vantagens oferecidas pelas mudanças da digitalização.

As melhorias feitas pelo empreendimento para a experiência do usuário devem ser avaliadas em todos os pontos de contato com os clientes.

É preciso incorporar de forma transversal todos os modais de comunicação da organização com os clientes.

As mudanças na experiência do usuário devem ser refinadas pela apresentação de cada um dos itens para a alta administração da empresa.

A engenharia deve encontrar, de forma proativa e dinâmica, as respostas para as necessidades dos clientes.

As respostas não podem ser apenas reativas ou reações às necessidades existentes dos clientes.

As decisões gerenciais levam em conta tanto os componentes econômicos e monetários da iniciativa, quanto a estrutura de crescimento da lucratividade do negócio.

A ênfase no avanço da cultura corporativa é um componente indispensável para a estratégia ágil da transformação digital do modelo de negócio.

A digitalização é basicamente um processo adaptável, cujo progresso contínuo leva para a transformação digital.

O pensamento corporativo deve avançar com as mudanças de forma paulatina e inteligente.

Os supervisores precisam entender o real significado de cada uma das capacitações e habilidades dos seus funcionários.

As habilidades e capacidades abrem as portas para as inovações e otimizações do uso dos recursos disponíveis.

A alta administração é o ponto focal da arbitragem da utilização dos recursos existentes.

As capacidades e habilidades dos funcionários podem ser exploradas de diversas maneiras pelos supervisores.

A digitalização do negócio permite que a empresa encontre um caminho mais efetivo para distribuir os seus produtos e serviços ao mesmo tempo em que aumenta a sua base de clientes.

Neste caso, as decisões organizacionais são tomadas em todos os níveis com base na análise analítica de dados e informações.

O objetivo da transformação digital de um modelo de negócio é a construção de um ambiente de trabalho efetivo e produtivo.

Nos ambientes de trabalho positivos, os trabalhadores desenvolvem as suas atividades em conformidade com as suas aptidões, capacidades e habilidades.

Durante o processo da transformação digital, as organizações criam uma classificação de desenvolvimento do capital intelectual para identificar e ranquear as capacidades, habilidades, aptidões e interesses dos funcionários.

Na maioria das vezes, as mudanças provocadas pela digitalização impactam o caminho trilhado pela organização.

O plano estratégico do negócio deve ser adaptado tanto para trabalhar com as inovações, quanto para alavancar os avanços derivados das novidades.

A transformação digital é um processo que vai muito além das etapas descritas no seu roteiro de implantação, pois a conquista atual é o resultado de uma conquista anterior.

As estratégias da digitalização são distintas e possuem estruturas bem definidas.

Os gestores e respectivas equipes devem abordar de forma transparente e estruturada a transição entre as estratégias da transformação digital.

As estratégias da transformação digital de um modelo de negócio são definidas e estruturadas em torno dos seguintes marcos temporais:

- Iniciação. Identificação e entendimento das oportunidades, ameaças e efeitos da digitalização.
- Ideação. Criação de um modelo mental sólido e robusto com medidas e alternativas da digitalização do negócio.
- Avaliação. Análise da maturidade digital da empresa e identificação

dos hiatos existentes na infraestrutura do negócio.

- Compromisso. Comunicar a visão da transformação digital para a organização e conquistar a mente, o coração e o bolso das pessoas.
- Implementação. Execução do plano de atividades nas diferentes áreas da corporação.
- Sustentabilidade. Validação ágil do plano de atividades de forma contínua e persistente.

O roteiro de implementação da digitalização é dependente da forma como o modelo de negócio existente lida com os processos da transformação digital proposta.

As etapas para o desenvolvimento do roteiro de implementação da transformação digital são as seguintes:

Realidade digital. Nesta etapa, o modelo atual de negócio da organização é avaliado em função das necessidades do ecossistema e dos requisitos dos clientes. O objetivo desta etapa é o pleno entendimento da realidade digital dos diversos membros do ecossistema.

Ambição digital. Com base na Realidade digital, são estabelecidas as metas da transformação digital. Os objetivos são definidos em função do prazo de entrega, dos custos, da infraestrutura e da qualidade. A ambição digital determina as hipóteses que devem ser consideradas no modelo de negócio desejado e os seus respectivos componentes. Em resumo, nesta etapa são organizadas as metas e as métricas do modelo de negócio desejado.

Potencial digital. Nesta etapa são identificadas e selecionadas as melhores práticas para a governança da digitalização. Em paralelo, são definidos os programas de capacitação do capital intelectual coletivo. A etapa do Potencial digital abrange desde os estudos iniciais até o esboço do modelo de negócio futuro. São avaliadas as diversas alternativas de digitalização de cada um dos componentes do modelo de negócio e elas são consolidadas no final do trabalho.

Ajuste digital. Na etapa do Ajuste digital é feita a definição de qual alternativa será adotada para a digitalização de cada um dos componentes do modelo de negócio. Este procedimento garante que o plano enderece tanto as necessidades dos clientes, quanto as metas do negócio. As alternativas escolhidas são organizadas e consolidadas em um plano.

Integração digital. Na etapa da integração digital são apresentadas tanto as conclusões do trabalho, como o roteiro do uso do modelo de negócio digital. São consolidadas em um plano consistente e robusto as alternativas escolhidas para a digitalização de cada um dos componentes do modelo de negócio, ou seja, é desenvolvido um plano de execução das iniciativas. A etapa de integração incorpora também o plano da experiência digital do usuário para organizar a interação cognitiva do cliente com os recursos disponíveis pela organização. Os ativos materiais e imateriais e as habilidades e capacidades do capital intelectual coletivo são reconhecidos nesta etapa.

A transformação digital do modelo de negócio ocorrida durante a pandemia do novo coronavírus alterou profundamente as expectativas e os comportamentos dos consumidores.

As empresas tradicionais foram fortemente pressionadas na direção de mudanças estruturais.

Diversos mercados foram impactados com a velocidade das inovações ocorridas durante o ano de 2020.

As três estratégias usadas pelas empresas nas mudanças estruturais foram:

- Conversão analógica digital dos dados e informações
- Digitalização de alguns processos operacionais
- Transformação digital do modelo de negócio

Estas três estratégias foram usadas pelas organizações para alavancar o crescimento do negócio.

Cada uma destas estratégias demanda por um conjunto específico de ativos e recursos.

O sucesso da digitalização é alcançado via o aumento da lucratividade do negócio.

A transformação digital exige tanto a construção de uma estrutura organizacional específica, quanto o uso de um conjunto balanceado de métricas para medir o desempenho.

Capítulo 4

Transformação Digital do Modelo de Negócio

- Os novos entrantes digitais superaram várias empresas tradicionais durante a pandemia do novo coronavírus, pois a transformação digital gerou disrupções no mercado de diversas indústrias.
- Muitas empresas tradicionais escolheram o estratagema de criar uma empresa nova para iniciar a sua transformação digital.
- No Brasil, existiu um crescimento vertiginoso da quantidade de modelos de negócio na modalidade como um serviço.
- A venda de assinaturas foi um dos estratagemas adotados pelo varejo online.
- Com a transformação digital, as redes de farmácias estão fechando pontos de varejo presencial e focando os seus investimentos no comércio eletrônico.

Durante a pandemia do novo coronavírus, foram criados diversos tipos de canais de comunicação dos consumidores com as empresas.

Após o início da pandemia do novo coronavírus em 2020, muitas empresas passaram a contatar os seus clientes de forma ativa.

O esforço dos clientes para entrar em contato com as empresas foi reduzido abruptamente de uma hora para outra.

Ocorreu o fenômeno do crescimento exponencial da quantidade de pontos de contato com as empresas.

A maioria dos canais de comunicação criados era digital e esta pequena inovação fez com que muitas empresas tradicionais fossem superadas pelos novos entrantes digitais.

As inovações geraram um rápido crescimento dos novos entrantes e como consequência as empresas digitais Alibaba, Amazon, Mercado Livre etc. impactaram fortemente os varejistas tradicionais em diversas localidades.

O fechamento de um gigante do varejo, como o Extra, em 2021, ilustra bem o impacto do varejo digital no tradicional (Extra faz liquidação para fechar hipermercados; descontos chegam a 50%, https://economia.uol.com.br/noticias/redacao/2021/11/19/extra-comeca-liquidacao-de-produtos-para-fechar-hipermercados.htm, acessado em 30/12/2021).

Foi revelado que o Grupo Pão de Açúcar acelerará a sua expansão focando na liderança do e-commerce e abandonará o modelo de hipermercados presenciais. Fonte: Grupo Pão de Açúcar vende marca Extra Hiper e sai do segmento de hipermercados, https://vejasp.abril.com.br/cidades/grupo-pao-acucar-vende-extra-hiper-assai/, acessado em 30/12/2021.

Os varejistas online não limitam a sua atuação ao mercado da indústria varejista tradicional.

Eles usam os seus recursos digitais para entrar em outros mercados para aumentar as vendas dos seus produtos e serviços.

No Brasil, a empresa Mercado Livre atua tanto no setor do varejo quanto no segmento de serviços financeiros para buscar mais oportunidades de crescimento.

Um outro exemplo são as operadoras de telecomunicações brasileiras que estão vendendo serviços tradicionais de telecomunicações, produtos digitais (celulares, roteadores, soluções para a casa inteligente, softwares, streaming etc.) e serviços financeiros.

Os bancos nacionais devem considerar as empresas digitais como Alibaba, Amazon, Mercado Livre, operadoras de telecomunicações como concorrentes.

Foi revelado que o mercado de galpões logísticos de alto padrão no Brasil cresceu intensamente nos últimos anos por causa do ecommerce. Fonte: Mercado de galpões logísticos bate recordes puxado pelo avanço do ecommerce, https://www1.folha.uol.com.br/mercado/2021/12/mercado-de-galpoes-logisticos-bate-recordes-puxado-pelo-avanco-do-ecommerce.shtml?utm_source=mail&utm_medium=social&utm_campaign=compmail, acessado em 30/12/2021.

A estrutura de transporte e logística construída pelo varejo online concorre com as empresas tradicionais de transporte e logística.

A transformação digital gerou disrupções no mercado de diversas indústrias.

Na indústria da música a empresa digital Spotify mudou complementarmente a indústria da música.

Empresas como Amazon, Netflix etc. mudaram complementarmente tanto a indústria da televisão por assinatura, quanto a indústria cinematográfica.

As empresas como Booking.com, Airbnb etc. alteraram profundamente a indústria hoteleira.

Um CNPJ gigante da indústria hoteleira deixou de existir no Brasil durante a pandemia do novo coronavírus (Maksoud Plaza, hotel ícone de SP, fecha as portas nesta terça-feira, https://www.uol.com.br/nossa/noticias/agencia-estado/2021/12/07/maksoud-plaza-hotel-icone-de-sp-fecha-as-portas-nesta-terca-feira.htm, acessado em 30/12/2021).

O impacto da transformação digital do modelo de negócio na lucratividade do negócio é visível, no entanto, é surpreendentemente a falta de atenção que existe no Brasil sobre os desdobramentos da digitalização.

Os temas relacionados com a conversão analógica digital dos dados e informações, digitalização dos processos e transformação digital estão sendo alvos de profunda atenção nas disciplinas de negócios das escolas estrangeiras.

Os profissionais de marketing focaram as suas pesquisas e estudos na publicidade digital e nos efeitos das mídias sociais no comportamento dos consumidores.

Estão sendo desenvolvidos modelos de atribuição para a comunicação multi-channel e omni-channel.

A gestão estratégica estabeleceu o seu foco na conceituação, operacionalização e renovação dos modelos de negócios.

Toda a conversa sobre a transformação digital é multidisciplinar, pois ela define como serão conduzidas as mudanças e como serão utilizadas as tecnologias digitais no novo modelo de negócio para criar valor adicional para a empresa.

A discussão multidisciplinar é necessária, pois a digitalização do negócio envolve mudanças na estratégia, na organização empresarial, na tecnologia de informações e comunicações, na cadeia de suprimentos e no marketing.

Os gestores são todos os dias confrontados com as respostas oferecidas pelas tecnologias digitais que estão deslocando as fronteiras do mercado e mudando os papéis dos agentes (os clientes viraram coprodutores, os concorrentes viraram colaboradores, os ecossistemas viraram integradores verticais da cadeia de suprimentos e as empresas internalizaram atividades que eram externalizadas).

A transformação digital exige uma maior e melhor compreensão de como as empresas ganham vantagens competitivas sustentáveis baseadas em recursos específicos.

Em outras palavras, a digitalização exige que o negócio tenha uma clara e bem definida estratégia de competição.

A estrutura interna de organização é alterada para suportar a estratégia de competição no universo digital.

Os fatores externos que reforçam a necessidade da transformação digital são:

- Tecnologia
- Nível de competição do mercado
- Comportamento do consumidor

As estratégias da transformação digital do modelo de negócio de uma empresa são as seguintes:

- Conversão do analógico para digital dos dados e informações
- Digitalização de alguns processos
- Transformação digital do modelo de negócio.

Os recursos materiais e imateriais necessários para a transformação digital são:

- Tecnologias físicas e sociais
- Estrutura organizacional
- Estratégia de crescimento
- Indicadores e métricas

Capítulo 5

Necessidade de fazer a Transformação Digital

- As tecnologias de big data, inteligência artificial, blockchain, Internet das Coisas, robótica etc. impactaram a geração de lucro de longo prazo dos negócios.
- A estrutura de custos das empresas foi profundamente afetada, pois os humanos foram substituídos por robôs, agentes virtuais, otimização inteligente da logística etc.
- No caso da cadeia de suprimentos, os custos caíram dramaticamente com o uso da inteligência artificial e do blockchain.
- As novas tecnologias mudaram o perfil da concorrência, pois uma parte significativa das vendas migrou para as empresas relativamente jovens.

Os fatores externos que impulsionam a necessidade da transformação digital estão relacionados com a quantidade crescente de tecnologias disruptivas que catapultaram o desenvolvimento do e-commerce (smartphones, computação em nuvem, reconhecimento da fala, sistemas de pagamento online, blockchain, criptomoedas etc.).

O comércio eletrônico global faturava US$ 2,3 trilhões em 2017 e a receita prevista para o varejo eletrônico em 2021 era de US$ 4,88 trilhões.

As tecnologias relacionadas com big data, inteligência artificial, blockchain, Internet das Coisas, robótica etc. impactaram de forma sustentável e com longo alcance a lucratividade dos negócios.

Cada uma dessas tecnologias impactou a geração de lucro de longo prazo do varejo, ou seja, tanto a conversão analógico-digital dos dados e informações, quanto a digitalização dos processos geraram a necessidade de transformação do negócio.

Estas tecnologias digitais afetaram profundamente a estrutura de custos das empresas, pois os humanos foram substituídos por robôs, agentes virtuais, otimização inteligente da logística etc.

Os custos da cadeia de suprimentos caíram dramaticamente com o uso da inteligência artificial e do blockchain.

O **segundo fator externo** que impulsionou a necessidade da transformação digital foi o fato de que as novas tecnologias mudaram a concorrência de forma dramática.

No varejo, as tecnologias disruptivas mudaram o perfil da concorrência, pois uma parte significativa das vendas migrou para as empresas relativamente jovens.

A concorrência do varejo globalizou e as empresas ricas em dados e informações (Amazon, Alphabet, Apple e Facebook, Alibaba, JD.com etc.) dominaram diversas indústrias.

O dramático crescimento das empresas digitais é percebido no valor de mercado das ações das empresas Facebook, Apple, Amazon, Netflix e Google (FAANG).

Entre março e maio de 2017 as ações da FAANG subiram cerca de 260 bilhões de dólares.

O **terceiro fator externo** que impulsionou a necessidade da transformação digital foi a mudança do comportamento dos consumidores.

Os consumidores estão claramente mudando as suas compras para as lojas online.

Neste contexto, os pontos de contato do varejo com os consumidores exercem um papel importante na experiência do usuário.

As facilidades ou dificuldades, fragilidades ou fortalezas da experiência do usuário afetam as vendas online e offline.

As modernas ferramentas de pesquisa do comportamento dos consumidores e as mídias sociais tornam os clientes mais conectados, informados, capacitados e ativos.

As tecnologias atuais permitem que os consumidores participem dos projetos pela personalização dos produtos e serviços, pela logística de distribuição de última milha e pela publicação e compartilhamento de avaliações dos produtos e serviços.

Os dispositivos móveis viraram, durante a pandemia do novo coronavírus, o showroom dos produtos e serviços.

Muitos clientes examinavam as mercadorias no ambiente offline (lojas) e faziam a compra online.

Em 2024, diversos consumidores foram influenciados pelas tecnologias de inteligência artificial.

Os produtos inteligentes da empresa Amazon (Echo) e empresa Google (Home) entraram na vida dos consumidores e estão influenciando o comportamento dos consumidores.

As tecnologias inteligentes estão mudando estruturalmente o comportamento dos consumidores.

O uso das tecnologias inteligentes está aumentando exponencialmente e está desafiando as regras tradicionais dos negócios.

As empresas que não incorporarem na sua estratégia de competição as mudanças causadas pelas tecnologias inteligentes serão menos atraentes para os clientes e provavelmente serão substituídas pelas empresas que entenderam os impactos destas mudanças no comportamento dos consumidores.

Capítulo 6

Estratégias da Transformação Digital

- As estratégias da transformação digital são a conversão analógico-digital dos dados e informações, a digitalização dos processos e a transformação digital.
- As duas primeiras são passos intermediários para a transformação digital do modelo de negócio.
- A conversão analógico-digital dos dados e informações é a codificação de informações para que os computadores possam processar, armazenar e transmitir.
- A digitalização dos processos é a integração das tecnologias de informações e comunicações com as operações existentes no negócio.
- A digitalização do negócio é a digitalização dos dados, informações, processos e recursos.

As três estratégias da transformação digital são a conversão analógico-digital dos dados e informações, a digitalização dos processos e a transformação digital.

Muitos entendem que as duas primeiras são estratégias incrementais e intermediárias.

Elas são os passos intermediários para a transformação digital do modelo de negócio.

A conversão analógico-digital dos dados e informações é a codificação de informações analógicas (papel) em um formato digital (zeros e uns) de tal forma que os computadores possam processar, armazenar e transmitir.

A digitalização dos processos é a mudança das atividades, ações e tarefas do analógico para o digital.

Ou seja, é a integração das tecnologias de informações e comunicações com as operações existentes no negócio.

O uso amplo da tecnologia facilita a configuração dos recursos econômicos das empresas.

A digitalização do negócio é a ação que descreve a digitalização dos dados, informações, processos e recursos.

Os formulários em papel que ordenam os processos de negócio são digitalizados para permitir tanto as pesquisas na base de conhecimento, como o uso de aplicativos no gerenciamento das informações operacionais e financeiras da empresa.

A mera digitalização dos dados, informações, processos e recursos não altera as operações do negócio e por isso ela raramente cria valor agregado.

Neste caso, a digitalização apenas descreve como as tecnologias digitais podem ser usadas para automatizar os processos existentes.

A mera criação de canais de comunicação online que facilita a conexão dos clientes com as empresas não muda a interação da empresa com o cliente.

A mudança que leva para o aumento da lucratividade (transformação digital do modelo de negócio) exige a organização de novas estruturas corporativas para explorar as oportunidades geradas pelos artefatos digitais.

A digitalização dos dados, informações e processos é apenas uma chave habilitadora.

Para aproveitar as novas possibilidades de negócios é preciso mudar os processos existentes.

Os canais de comunicação, distribuição, relacionamento comercial e de gestão são otimizados com a digitalização do negócio.

Na transformação digital, as empresas aplicam tecnologias físicas e sociais tanto para otimizar as operações empresariais existentes quanto para criar processos de negócio.

O objetivo é coordenar de forma mais efetiva a execução das atividades e gerar valor adicional para os clientes.

A consequência do sucesso desta empreitada é o aumento da lucratividade do negócio.

O aprimoramento da experiência do usuário não gera uma redução de custos no curto prazo.

As melhorias dos processos da experiência do usuário reduzem os custos de médio e longo prazo via fidelização (conquista do bolso e do coração dos clientes).

O custo para conquistar um cliente novo é seis vezes maior do que o custo para manter um cliente antigo.

Na transformação digital as mudanças são difundidas por toda a empresa, pois a digitalização do negócio leva a organização para a jornada do desenvolvimento de novos modelos de negócio.

As mudanças nos modelos podem ser uma novidade tanto para as empresas locais quanto para toda a indústria.

As empresas de um determinado segmento da economia competem entre si e em diversos casos a vantagem competitiva de uma empresa é o seu modelo de negócio.

A vantagem competitiva é em outras palavras a forma como a empresa cria e entrega valor para os clientes e converte as entregas em lucro.

A transformação digital introduz um novo modelo de negócio pela implementação de uma nova lógica para criar e capturar valor.

A transformação digital impacta dinamicamente toda a empresa e a sua forma de fazer negócio.

A digitalização do negócio vai muito além da digitalização e mudança dos processos e tarefas operacionais.

A transformação digital reorganiza os processos para mudar tanto a lógica do negócio, quanto o seu processo de criação de valor.

A transformação digital no setor de saúde implica na adoção ampla e profunda de tecnologias que mudam as entregas dos serviços.

O uso da tecnologia transforma as entregas e gera mudanças profundas nos processos, nas rotinas e nas capacidades do setor de saúde.

As empresas provedoras de saúde entram em mercados novos ou saem do atual mercado com a digitalização do negócio.

A transformação digital viabiliza as interações além das fronteiras com os fornecedores, os clientes e os concorrentes.

As tecnologias digitais habilitam a conquista de uma vantagem competitiva e transformam a organização para alavancar as competências existentes ou para desenvolver novas competências.

Em suma, a transformação digital está inerentemente conectada tanto com a estratégia de mudanças do modelo de negócio adotado, quanto com o modelo de implementação das tecnologias digitais.

A digitalização do negócio é um fenômeno com amplas implicações em toda a empresa.

O núcleo do modelo de negócio da empresa é o alvo das alterações promovidas pela adoção das tecnologias digitais.

Capítulo 7

Necessidades Estratégicas

- Automação das rotinas e tarefas
- Uso de robôs na operação
- Introdução de componentes digitais nas entregas dos produtos e serviços
- Introdução de componentes digitais na distribuição dos produtos e serviços
- Introdução de componentes digitais nos canais de comunicação
- Introdução de modelos novos de negócio como produto. um serviço, plataformas digitais e vendas direcionadas por dados

Estratégia 1: Conversão analógico-digital dos dados e informações

1. Exemplos
- Automação das rotinas e tarefas
- Conversão analógico-digital dos dados e informações

2. Recursos digitais
- Ativos digitais

3. Estrutura organizacional
- Hierarquia padrão (De cima para baixo)

4. Estratégia de crescimento
- Aumento da penetração no mercado pela oferta de produtos
- Desenvolvimento de novos mercados
- Desenvolvimento de novos produtos

5. Métricas

- Indicadores de performance tradicionais
    - Retorno sobre os ativos
    - Retorno sobre os investimentos
    - Custo dos produtos vendidos

6. Objetivos
- Redução dos custos
- Aumento da eficiência no uso dos recursos existentes

Estratégia 2: Digitalização de alguns processos

1. Exemplos
- Uso de robôs na operação
- Introdução de componentes digitais nas entregas dos produtos e serviços
- Introdução de componentes digitais na distribuição dos produtos e serviços
- Introdução de componentes digitais nos canais de comunicação
- Recursos digitais
- Ativos digitais
- Análise analítica dos dados e informações
- Rede digital

2. Estrutura organizacional
- Unidades de negócio ágeis e independentes

3. Estratégia de crescimento
- Aumento da penetração no mercado pela oferta de produtos
- Desenvolvimento de novos mercados
- Desenvolvimento de novos produtos

- Plataforma baseada na penetração do mercado
- Criação de novas plataformas com outras empresas

4. Métricas

- Indicadores de performance tradicionais e digitais
- Retorno sobre os ativos
- Retorno sobre os investimentos
- Custo dos produtos vendidos
- Experiência do usuário
- Rastreamento dos usuários ou visitantes únicos
- Rastreamento de usuários ou clientes ativos

5. Objetivos

- Redução dos custos
- Aumento das vendas
- Operação mais efetiva pela reengenharia dos processos
- Melhoria da experiência do usuário

Estratégia 3: Transformação digital

1. Exemplos

- Introdução de modelos novos de negócio como produto, um serviço, plataformas digitais e vendas direcionadas por dados

2. Recursos digitais

- Ativos digitais
- Análise analítica dos dados e informações
- Rede digital
- Análise de dados Big Data

3. Estrutura organizacional

- Unidades de negócio independentes com formas flexíveis de organização

- Internalização do capital intelectual
- Internalização das funções analíticas

4. Estratégia de crescimento
- Aumento da penetração no mercado pela oferta de produtos
- Desenvolvimento de novos mercados
- Desenvolvimento de novos produtos
- Plataforma baseada na penetração do mercado
- Criação de novas plataformas com outras empresas
- Diversificação de plataformas

5. Métricas
- Participação digital
- Magnitude da participação digital
- Tendência da magnitude da participação digital
- Volume de participação na criação de plataformas digitais com outras empresas

6. Objetivos
- Novos modelos de custos para as vendas
- Reconfiguração dos ativos materiais e imateriais para o desenvolvimento de produtos e serviços
- Novos modelos de negócio

Capítulo 8

Importância da Transformação Digital

- As montadoras automotivas melhoraram a experiência dos seus usuários liberando para os motoristas o acesso aos recursos avançados de segurança que evitam acidentes e transformam a forma como os veículos são dirigidos.

O roteiro de implantação da transformação digital é muito importante para as empresas tradicionais.

As empresas tradicionais enfrentam diversos desafios e barreiras para implementar a transformação do seu modelo de negócio por causa do seu legado.

Estas empresas têm que conviver com os conflitos existentes entre as formas existentes e as novas formas de fazer negócios.

A digitalização do negócio exige em diversos casos o abandono das práticas tradicionais e pode levar o modelo de negócio existente para a obsolescência.

As empresas tradicionais devem começar com pequenas alterações (por exemplo, conversão analógico-digital dos dados e informações ou digitalização de alguns processos) para realizar a transformação digital do seu modelo de negócio de forma gradual.

As montadoras automotivas melhoraram a experiência dos seus usuários liberando para os motoristas o acesso aos recursos avançados de segurança (por exemplo, sensores que informam o que está acontecendo nos pontos cegos dos espelhos).

Estes acessos evitam acidentes e são uma transformação digital da forma como os veículos são dirigidos.

As empresas da indústria automotiva estão contratando engenheiros desenvolvedores de hardware e software para acelerar os projetos de direção autônoma e serviços de assistência aos motoristas e passageiros.

As várias dimensões das mudanças na digitalização do negócio têm necessidades estratégicas diferentes.

Existem necessidades estratégicas específicas tanto para os recursos digitais, quanto para a estrutura organizacional, quanto para as estratégias de crescimento, quanto para as métricas.

Capítulo 9

Necessidades Estratégicas Específicas

- Os recursos digitais são gerados pelo gerenciamento das capacidades e habilidades dos ativos imateriais e a posse e controle dos ativos materiais.
- A agilidade na tomada de decisões é a capacidade de identificar e explorar as oportunidades de mercado habilitadas pelas tecnologias digitais.
- A capacidade analítica e operacional do ecossistema é a competência da empresa de reunir e combinar membros do ecossistema para endereçar as necessidades existentes.

Recursos digitais

Os recursos são na última instância o gerenciamento das capacidades e habilidades dos ativos imateriais e a posse e controle dos ativos materiais.

Os ativos materiais representam os recursos físicos e os ativos imateriais representam as capacidades e habilidades do capital intelectual.

As capacidades e habilidades intelectuais estão presentes no capital humano, nos dados e informações e na estrutura organizacional da empresa.

As capacidades e habilidades intelectuais são a cola que gruda os ativos materiais em uma estrutura organizada.

A estrutura organizacional coesa e robusta gera entregas bem-sucedidas de forma sustentável.

A transformação digital do modelo de negócio redefine como a empresa cria e entrega valor para os clientes,

A digitalização do negócio exige o acesso aos sistemas e a compra ou desenvolvimento de ativos materiais.

Em outras palavras, as mudanças da digitalização do negócio são feitas através de:

- Ativos materiais e imateriais
- Agilidade na tomada de decisões
- Capacidade analítica e operacional do ecossistema
- Capacidade da análise analítica dos dados e informações.

Ativos materiais e imateriais

A digitalização exige uma estrutura robusta para o armazenamento dos dados, uma infraestrutura coesa de processamento e comunicação e a capacidade de acompanhar dinamicamente a evolução da competição no mercado alvo.

A maioria das empresas investe fortemente no desenvolvimento e na aquisição de ativos materiais (hardware, software, inteligência artificial, aprendizado de máquina, internet das coisas, robótica etc.).

Os investimentos em ativos materiais fornecem os componentes para aproveitar o conhecimento existente na empresa e com isto criar valor adicional para os clientes.

A tecnologia big data (informações da experiência do usuário) é um ativo material que pode ser usado na análise analítica dos dados e informações para alavancar a personalização dos produtos e serviços da empresa.

Agilidade na tomada de decisões

É a capacidade de identificar e explorar as oportunidades de mercado habilitadas pelas tecnologias digitais.

A agilidade na tomada de decisões é uma habilidade de vital importância para a sobrevivência de um CNPJ.

Na atual dinâmica dos negócios existe um elevado grau de imprevisibilidade no mercado, por isto as empresas devem ser flexíveis tanto para permitir mudanças nas funções organizacionais, quanto para responder as mudanças nas necessidades dos clientes, quanto para responder as ações da concorrência, quanto para trabalhar com limites indefinidos, quanto para conviver com a remoção das barreiras de entrada dos novos entrantes.

As empresas precisam ter agilidade na tomada de decisões para modificar e reconfigurar continuamente os ativos materiais e imateriais existentes.

A capacidade de aprendizagem do capital intelectual tem forte implicação na estrutura da organização.

A agilidade na tomada de decisões é necessária para consolidar os ativos materiais com os recursos organizacionais imateriais para mudar a maneira de fazer negócio.

É preciso neste novo contexto identificar e apreender continuamente com as oportunidades disponíveis no mercado.

A agilidade na tomada de decisões promove a recombinação e o desenvolvimento de novos produtos, serviços e modelos de negócio que melhoram o valor adicionado entregue para os clientes.

A agilidade é uma habilidade de elevada importância para aumentar a lucratividade da empresa com a transformação digital.

Capacidade analítica e operacional do ecossistema

É a capacidade da empresa de reunir e combinar membros do ecossistema para endereçar as necessidades existentes.

As empresas perceberam que precisam trabalhar em uma rede para criar valor agregado para os clientes.

Na maioria dos casos, a vantagem competitiva de uma empresa não é determinada internamente, ela é determinada pela força do ecossistema.

Durante a pandemia do novo coronavírus muitas empresas dobraram a sua quantidade de parceiros para poder entregar valor para os clientes.

Muitas empresas permitem que os clientes usem as suas plataformas digitais para:

- Criar valor adicional pela geração de conteúdo
- Personalizar os produtos e serviços
- Atuar como um embaixador da marca nas redes sociais

Nestes casos, os clientes são um ativo valioso para gerar vantagens competitivas.

A capacidade da empresa de selecionar, atrair, vincular e engajar um conjunto heterogêneo de influenciadores (clientes, fornecedores, terceiros etc.) estimula fortemente a criação de valor e o crescimento do ecossistema.

As plataformas são um componente importante para a digitalização dos processos e transformação digital do modelo de negócio.

Capacidade da análise analítica dos dados e informações

Na transformação digital, a capacidade de capturar e analisar dados e informações para a tomada de decisões é crucial para o sucesso do negócio.

A funcionalidade das tecnologias digitais depende de dados e informações corretas e precisas.

As empresas estão trabalhando arduamente para desenvolver a capacidade de análise analítica dos dados e informações.

As empresas sabem que dependem de dados e informações, no entanto, a maioria delas não investe na verificação da sua confiabilidade.

Os profissionais com fortes habilidades de análise analítica são necessários para criar valor a partir dos dados e informações.

As empresas usam a tecnologia big data para visualizar e gerenciar a análise analítica e para desenvolver habilidades de negócio.

As empresas digitais usam as análises analíticas para executar as seguintes ações estratégicas:

- Adaptar as novas ofertas para os clientes
- Otimizar as suas receitas via precificação dinâmica
- Gerir as receitas

Os programas de treinamento contínuo são utilizados para atualizar as habilidades do capital intelectual (uso de técnicas mais modernas e avançadas).

Capítulo 10

Estrutura Organizacional

- A estrutura organizacional deve ser flexível para suportar as mudanças rápidas, neste caso as unidades de negócio atuam de forma separada e independente e as áreas funcionais são ágeis.

- As inovações disruptivas são em geral, criadas em unidades de negócios autônomas independentes da matriz, pois o formato de estrutura permite a experimentação e o aprendizado e evita os perigos e conflitos da canibalização das inovações.

- As empresas adotam o modelo de autogestão para que as equipes assumam a responsabilidade pelas suas decisões e trabalhem em ciclos curtos para testar e atualizar rapidamente as soluções através da tentativa e erro.

As mudanças organizacionais adaptam a estrutura da empresa na transformação digital do modelo de negócio.

É preciso ter uma estrutura organizacional flexível para suportar as mudanças rápidas.

Unidades de negócio separadas e independentes e formas organizacionais e áreas funcionais ágeis são exemplos de estrutura organizacional flexível.

Unidades de negócio separadas e independentes

As empresas tradicionais, em geral, são lentas na identificação de tecnologias, no reconhecimento da necessidade de reagir e na superação dos conflitos que destroem as competências existentes.

As inovações que geram modelos disruptivos de negócios são em geral criadas em unidades de negócios autônomas independentes da matriz.

Este formato de estrutura permite a experimentação e o aprendizado e evita os perigos e conflitos da canibalização das inovações.

Formas organizacionais e áreas funcionais ágeis

A maioria das empresas brasileiras adota uma estrutura organizacional hierárquica tradicional.

As múltiplas camadas de gerenciamento com forte abordagem de cima para baixo não são eficazes em um ambiente de mudanças rápidas.

A burocracia das diversas camadas de gerenciamento em geral reduz a velocidade de resposta da empresa e inibe as Inovações.

As empresas tradicionais usam formas de organização flexíveis que permitem respostas rápidas para as constantes mudanças.

Algumas empresas adotaram o modelo de autogestão em que as equipes assumem a responsabilidade pelas suas decisões.

Esta abordagem enfatiza uma maneira ágil de trabalhar em que existem ciclos curtos para testar e atualizar rapidamente as soluções através da tentativa e erro.

Existem organizações que adotam a holocracia que é uma prática de autogestão para executar as respostas da empresa.

Uma característica importante das áreas funcionais ágeis na transformação digital é a grande dependência do negócio em relação ao ambiente de tecnologia e análises analíticas.

Na transformação digital, a organização de tecnologia é transformada em uma célula focada na comunicação e no fluxo de dados e informações.

A organização de tecnologia atua de forma mais proativa e orquestra a criação de valor adicional através de rápidas respostas explorativas.

Muitas empresas ainda não perceberam a mudança funcional do papel da organização de tecnologia.

As habilidades dos funcionários da organização de tecnologia em marketing e nas operações dos serviços precisam ser atualizadas para melhorar a criação de valor agregado para os clientes.

A gestão de recursos humanos na transformação digital demanda por ações na atração e retenção de talentos com habilidades analíticas.

Nas marcas tradicionais os profissionais de marketing desatualizados são substituídos por especialistas em análise analítica dos dados e informações.

Um dos principais desafios das empresas tradicionais é competir por talentos com habilidades analíticas, pois estes profissionais têm a tendência de preferir trabalhar nas empresas de tecnologia ou nas empresas iniciantes de Fintech.

Capítulo 11

Estratégias de Crescimento

- A estratégia de crescimento digital mais difundida é a plataforma digital, pois o custo unitário marginal de um usuário adicional é praticamente zero.
- O EBIT por funcionário é aproximadamente 16 vezes maior nas plataformas digitais do que nas empresas que não são plataformas digitais.
- O lucro médio líquido por funcionário é aproximadamente dezoito vezes maior nas plataformas digitais do que nas empresas que não são plataformas digitais.
- A estratégia de crescimento pode ser tanto pela maior penetração no mercado, quanto pelo desenvolvimento de novos produtos, quanto pelo desenvolvimento do mercado, quanto pela diversificação.

Existem diversas estratégias de crescimento para as empresas que digitalizaram o seu negócio.

A estratégia de crescimento mais difundida é o uso de uma plataforma digital.

O crescimento exponencial é uma característica marcante em uma grande parte das empresas e plataformas digitais.

Existem plataformas que cresceram com taxa de 50% ao ano por quase duas décadas.

Muitos fatores contribuem para o crescimento exponencial, no entanto, existem dois fatores principais.

Os dois principais fatores que fizeram as plataformas crescerem rapidamente foram a elevada escalabilidade e o reforço dos efeitos dos embaixadores da marca.

As plataformas digitais aprenderam rapidamente como lidar com um número crescente de usuários, clientes, fornecedores e prestadores de serviços.

O custo unitário marginal de um usuário adicional é praticamente zero no caso das plataformas digitais.

O modelo de negócio das plataformas digitais implica na seguinte estrutura lógica:

- O crescimento no número de usuários (clientes ou fornecedores) atrai novos usuários pela maior utilidade de usar a plataforma
- É criado um ciclo de crescimento retroalimentado dos efeitos do aumento do ecossistema (loop virtuoso)

O poder do modelo de negócio baseado em plataforma é visto nos resultados alcançados.

O EBIT (Earnings Before Interest and taxes) por funcionário é aproximadamente 16 vezes maior nas plataformas digitais do que nas empresas que não são plataformas digitais.

O lucro médio líquido por funcionário é aproximadamente dezoito vezes maior nas plataformas digitais do que nas empresas que não são plataformas digitais.

As empresas de plataforma digital têm, portanto, um lucro líquido e patrimônio por empregado muito mais alto do que empresas que não são plataformas digitais.

O crescimento inicial das plataformas digitais depende fortemente da introdução de um produto de sucesso.

Com o passar do tempo, o foco da estratégia de crescimento muda de uma mentalidade baseada em produtos para uma estratégia baseada em plataforma.

A mudança implica no afastamento do foco na criação de novos produtos para a gestão de parceiros do ecossistema da plataforma digital (fornecedores, clientes e comunidade).

Em alguns casos, o resultado do afastamento do foco da criação de novos produtos é a redução das vendas dos produtos e serviços próprios e o aumento do volume total de vendas.

A estratégia de crescimento pode ser tanto pela maior penetração no mercado, quanto pelo desenvolvimento de novos produtos, quanto pelo desenvolvimento do mercado, quanto pela diversificação.

O crescimento no mercado alvo pode ser feito tanto pela estratégia de aumento da penetração no mercado, como pela estratégia de desenvolvimento do mercado com base na oferta de produtos.

As plataformas digitais podem alavancar o seu crescimento via tecnologias disruptivas para atrair pessoas que nunca consumiram os produtos ou os seus substitutos.

Muitas pessoas que não pagavam uma assinatura de televisão viraram clientes das plataformas de streaming.

Existem diversos casos de criação de novos mercados, por exemplo, os alto-falantes inteligentes criaram um mercado novo para os produtos controlados por voz.

As empresas que estão digitalizando o seu negócio podem adotar as estratégias usadas no desenvolvimento de um novo mercado.

Por exemplo, os varejistas presenciais podem criar um canal online para atrair clientes de outras lojas e aumentar sua participação no mercado.

O varejista presencial também pode direcionar o canal digital para criar um mercado novo.

As empresas digitais podem aumentar a sua penetração no mercado introduzindo via parcerias na plataforma vários produtos existentes que são novidades para o mercado alvo.

A estratégia de crescimento também pode ser feita pela estratégia de desenvolvimento de produtos.

Muitas empresas digitais são eficientes no desenvolvimento e lançamento de novos produtos e serviços nas plataformas digitais.

O objetivo deste estratagema é a criação de sinergia entre os produtos e serviços de diversos fabricantes.

As empresas de jogos usam as plataformas de games para introduzir um fluxo constante de jogos no mercado com baixo custo de desenvolvimento e lançamento.

Outra estratégia de crescimento é o desenvolvimento de um ecossistema de criação de valor adicionado que permita que os usuários criem valor via realização de atividades na plataforma digital.

Existem plataformas digitais que permitem que os clientes façam avaliações dos produtos ou serviços.

Também existem plataformas que permitem que os usuários compartilhem as suas necessidades e ideias (plataformas de crowdsourcing).

Algumas plataformas permitem que os clientes realizem atividades comerciais, neste caso existe uma mudança de função e o cliente vira um fornecedor (por exemplo, Airbnb).

Diversas plataformas permitem que os clientes atuem como coprodutores (eles podem configurar, modificar ou criar um produto).

A mudança do papel do cliente para produtor ou fornecedor é bastante comum nas empresas que fizeram a transformação digital do seu modelo de negócio.

É raro encontrar a estratégia de criação compartilhada de valor nas empresas que não fizeram a transformação digital do seu modelo de negócio.

Algumas empresas são capazes de consolidar todas as abordagens da estratégia de crescimento em uma única (diversificação de plataforma).

Esta estratégia de crescimento é em geral implementada nas grandes e bem sucedidas plataformas para criar um crescimento adicional em mercados inexplorados via novos produtos.

O estratagema consiste na expansão exponencial e contínua da plataforma para:

- Atender novos mercados
- Atualizar a variedade de produtos e serviços
- Criar valor adicional por meio de parceria com patrocinadores ou outras plataformas interoperáveis
- Criar valor agregado via parcerias com os fornecedores ou consumidores ou provedores de serviços complementares e suplementares

Capítulo 12

Métricas

- As métricas usadas para facilitar o ajuste da experiência do usuário são a quantidade de cliques, as visualizações dos vídeos, a quantidade de downloads, a audiência dos canais online etc.

- As métricas como Return On Investment (ROI), aumento da lucratividade, crescimento do faturamento etc. são usadas pelas empresas para aprimorar o seu modelo de negócio.

- O conjunto balanceado de métricas sinaliza quais ajustes são necessários para endereçar os objetivos propostos pela digitalização do negócio.

- Diversas plataformas digitais trabalham com métricas quase intangíveis como por exemplo, a medição do sentimento do usuário, o nível de engajamento online, o grau de compartilhamento das ideias e criações e o compartilhamento do valor agregado entre os membros do ecossistema.

As empresas precisam medir as melhorias de desempenho dos indicadores de performance (key performance indicators ou KPIs) da transformação digital para ajustar o seu modelo de negócio.

As métricas usadas para facilitar o ajuste da experiência do usuário são a quantidade de cliques, as visualizações dos vídeos, a quantidade de downloads, a audiência dos canais online etc.

As métricas como Return On Investment (ROI), aumento da lucratividade, crescimento do faturamento etc. são usadas pelas empresas para aprimorar o seu modelo de negócio.

O objetivo final da transformação digital do modelo de negócio é gerar mais receitas, aumentar lucros e melhorar o valor entregue para o investidor e cliente.

Os resultados intermediários são monitorados com métricas relacionadas com os processos operacionais para avaliar como o novo modelo de negócio está criando valor.

O conjunto balanceado de métricas sinaliza quais ajustes são necessários para endereçar os objetivos propostos pela digitalização do negócio.

O processo de medir, ajustar e medir de novo é dinâmico e deve ser repetido frequentemente para calibrar com precisão os parâmetros do modelo de negócio.

Diversas plataformas digitais trabalham com métricas quase intangíveis como por exemplo, a medição do sentimento do usuário, o nível de engajamento online, o grau de compartilhamento das ideias e criações e o compartilhamento do valor agregado entre os membros do ecossistema.

As lojas de aplicativos (Apple, Google etc.) julgam o grau do sucesso do desenvolvedor de aplicativos e com isto, elas alavancam o seu negócio pela quantidade de desenvolvedores bem-sucedidos que estão publicando aplicativos na plataforma.

As receitas geradas pelos aplicativos estão fortemente relacionadas com a satisfação dos clientes.

Uma grande quantidade de métricas intermediárias gera um sistema complexo da atividade empresarial.

A operação dos processos e a execução das atividades deve ser medida por um conjunto pequeno e balanceado de indicadores para que as mudanças necessárias sejam rapidamente identificadas.

As empresas tradicionais já têm um conjunto de métricas usado para medir o desempenho do negócio.

A métrica financeira da rentabilidade é largamente utilizada pelas firmas tradicionais e o seu peso é bastante grande na tomada de decisões.

Os novos entrantes digitais têm outra visão do mercado e por isso, consideram as métricas de crescimento como mais importantes para as suas decisões (crescimento da quantidade de usuários, clientes e vendas).

O principal objetivo da maioria das empresas digitais é alcançar o crescimento exponencial da quantidade de usuários do ecossistema (fornecedores, clientes, terceiros etc.) para criar um sistema de reforço positivo dos efeitos do crescimento da plataforma.

Um crescimento rápido da base de clientes permite que as empresas capturem dados valiosos em larga escala.

Os dados capturados alavancam a lucratividade da empresa pela venda de serviços para parceiros externos.

O aumento dos lucros desperta o interesse dos investidores, capitaliza a empresa e incentiva a monetização da base de usuários.

Os investidores aceitam prejuízos monetários de curto prazo, quando eles percebem que o crescimento exponencial da plataforma irá gerar resultados financeiros robustos no médio e longo prazo.

A transformação digital do modelo de negócio das empresas tradicionais não pode, portanto, considerar a métrica da rentabilidade como a mais importante para as suas decisões.

É preciso entender que o elevado crescimento também é uma métrica importante para a tomada de decisões.

As empresas tradicionais, que consideram a métrica rentabilidade como a mais importante para a sua tomada de decisão, estão em forte desvantagem na competição contra as empresas digitais.

As empresas tradicionais precisam trabalhar simultaneamente com o objetivo de reduzir os custos via automação e aumentar as receitas via melhoria na experiência dos clientes.

É possível que seja incompatível a realização simultânea dos dois objetivos, por isso as empresas tradicionais estão desenvolvendo a sua transformação digital via um empreendimento completamente separado da estrutura organizacional da corporação.

O empreendimento funciona no mesmo formato de uma empresa iniciante digital com foco primário no crescimento.

Capítulo 13

Processos e Variáveis

- É preciso ter precisão para definir com clareza o sistema operacional da inteligência coletiva do ecossistema.
- Os fatores imateriais (subjetivos) do ambiente de negócio pós-transformação digital são fundamentais na análise da nova realidade da sociedade digital.
- O acompanhamento das preferências dos consumidores pela empresa exige uma precisa análise das novas condições financeiras e administrativas.
- O ambiente pós-digitalização é volátil e cheio de imprevisibilidades, por isso a capacidade de aprender novos conhecimentos é tão importante para as organizações digitais.
- O capital intelectual coletivo deve ser capaz de atuar em um cenário em que os indicadores são imprecisos e as mudanças são rápidas e inesperadas.

O incentivo ao avanço tecnológico, assim como o novo modelo estrutural aqui preconizado ressalta a relatividade das variáveis envolvidas na digitalização do negócio.

A complexidade dos estudos realizados da transformação digital no Brasil revela a importância das diretrizes do desenvolvimento da era digital no território nacional.

A determinação transparente dos objetivos da digitalização oferece uma evolução nas formas de atuação do negócio.

O ambiente político é responsável por um papel essencial na formulação das novas proposições da digitalização.

É preciso identificar os pontos críticos na estrutura atual das organizações, instituições, empresas etc. para maximizar os benefícios das novas atribuições da sociedade digital.

A prática do dia a dia da transformação digital revelou o fenômeno da crescente influência das redes sociais no comportamento da sociedade.

Todos os dias são publicadas, nas diversas mídias, novas avaliações dos impactos diretos e indiretos das preferências das pessoas em relação ao progresso da digitalização.

O peso e o significado dos novos problemas gerados pela transformação digital são divulgados diariamente.

O correto fluxo de informações facilita a criação dos relacionamentos de longo prazo entre os membros do ecossistema digital.

A experiência acumulada desde a introdução do computador no dia a dia das pessoas mostrou que a consolidação das vantagens e desvantagens do processo de digitalização melhora a qualidade e agilidade das decisões.

A adoção de metodologias na transformação digital permite a antecipação da percepção das dificuldades do processo e garante uma melhor avaliação dos resultados alcançados.

A renovação dos processos operacionais faz com que a empresa considere a necessidade de reestruturação da gestão empresarial.

A inovação faz parte do processo e leva o pensamento dos atores do ecossistema para o longo prazo.

O objetivo primário é a expansão horizontal e vertical do mercado alvo da organização.

É preciso ter precisão para definir com clareza o sistema operacional da inteligência coletiva do ecossistema.

Os quadros de recursos humanos precisam endereçar as necessidades de segurança digital da nova matriz operacional do negócio.

As questões relacionadas com as vantagens e desvantagens da digitalização devem ser ponderadas com racionalidade para que as mudanças nas regras de conduta do ecossistema aumentem a lucratividade dos membros da comunidade empresarial.

A mobilidade do capital intelectual coletivo é uma das principais consequências dos sistemas digitais.

Não existe um consenso sobre qual é a necessidade de qualificação das empresas na sociedade digital.

É fato que existem diversas situações atípicas decorrentes das imperfeições do fluxo de informações nos diversos mercados.

Para mitigar os riscos gerados pelas situações atípicas é preciso aumentar a efetividade do canal de comunicação entre os diferentes setores produtivos da cadeia de valor.

A correta e rápida análise das alternativas impacta positivamente as soluções adotadas para a digitalização do negócio.

O comércio virtual desafia a capacidade de organização de vários membros da comunidade empresarial.

É preciso muito empenho dos membros do ecossistema para analisar de forma racional as oportunidades e ameaças geradas pela transformação digital.

A revolução dos costumes decorrente da digitalização da sociedade deve ser levada em consideração no desenvolvimento da motivação dos recursos humanos.

O nível de competitividade do ecossistema nas transações comerciais alavanca a efetividade dos procedimentos adotados pelos membros da cadeia de valor agregado.

Os fatores imateriais (subjetivos) do ambiente de negócio pós-transformação digital são fundamentais na análise da nova realidade da sociedade digital.

Em outras palavras, o acompanhamento das preferências dos consumidores pela empresa exige uma precisa análise das novas condições financeiras e administrativas.

É preciso ter clareza de que o comprometimento das equipes gera a padronização das entregas no longo prazo.

O desenvolvimento contínuo de novas formas de atuação do capital intelectual faz parte do processo de gerenciamento do ambiente de negócio.

As políticas descentralizadoras decorrentes da digitalização permitem que a alta administração tenha uma melhor visão do gerenciamento dos desafios corporativos.

A contínua expansão da atividade empresarial pode desorganizar a composição do investimento na operação comercial.

É preciso reciclar o capital intelectual durante a execução dos processos da transformação digital.

No mundo digital, o ambiente empresarial é de competição global, por isso a capacitação da mão de obra deve ser padrão classe mundial.

A conquista das metas propostas exige que todos tenham um nível de conhecimento adequado para alcançar a excelência no desempenho das suas atividades profissionais.

A execução do programa de projetos das empresas deve absorver as modificações geradas pelas mudanças de comportamento da sociedade e dos consumidores.

O ambiente pós-digitalização é volátil e cheio de imprevisibilidades, por isso a capacidade de aprender novos conhecimentos é tão importante para as organizações digitais.

O capital intelectual coletivo deve ser capaz de atuar em um cenário em que os indicadores são imprecisos e as mudanças são rápidas e inesperadas.

Capítulo 14

Maturidade Digital

- A disrupção causada pela digitalização está acelerando a concentração do mercado em algumas poucas lideranças empresariais e mudando a estrutura comercial das empresas e da sociedade.

- O desempenho da lucratividade das empresas com elevado nível de maturidade digital está crescendo com velocidade cinco vezes maior que a média das empresas.

- Para capturar o valor gerado pelos fatores que alavancam a maturidade digital é preciso trabalhar a governança empresarial.

- A diferença da velocidade de crescimento da lucratividade das empresas mundiais e brasileiras é decorrente do atraso da digitalização no país.

A maturidade digital de uma empresa contribui para o crescimento da sua lucratividade e para o sucesso do seu cliente.

O nível de digitalização das empresas e pessoas foi catapultado com a pandemia do novo coronavírus.

O crescimento intenso do nível de digitalização proporcionou diversos novos benefícios para os consumidores e transformou as indústrias.

A transformação digital das empresas, instituições, organizações etc. vem exigindo o enfrentamento de diversos desafios.

A disrupção causada pela digitalização está acelerando a concentração do mercado em algumas poucas lideranças empresariais e mudando a estrutura comercial das empresas e da sociedade.

Foi revelado que a CVS (rede de farmácias) planeja fechar quase mil farmácias nos próximos anos para focar as suas atividades no crescimento digital (Mais uma rede americana de farmácias anuncia fechamento de lojas em série. Fonte: https://www1.folha.uol.com.br/colunas/painelsa/2021/12/mais-uma-rede-americana-de-farmacias--anuncia-fechamento-de-lojas-em-serie.shtml?utm_source=mail&utm_medium=social&utm_campaign=compmail&origin=folha, acessado em 30/12/2021).

São exemplificados a seguir alguns casos ocorridos em 2021 de concentração do mercado em torno de uma empresa líder.

- Foi afirmado que a empresa quer ser a maior varejista de vinhos importados no Brasil (Evino compra Grand Cru e quer se tornar a maior varejista de vinhos importados do País, https://mercadoeconsumo.com.br/2021/10/25/evino-compra-grand-cru-e-quer-se--tornar-maior-varejista-de-vinhos-importados-do-pais/, acessado em 30/12/2021).

- Foi afirmado que foi criada uma plataforma digital líder na categoria pet (Petz anuncia compra da plataforma Zee Dog por R$ 715 milhões, https://economia.uol.com.br/noticias/estadao-conteudo/2021/08/03/petz-compra-plataforma-zee-dog.htm, acessado em 30/12/2021).

- Foi revelado que a Quality comprou a ACCT (Quality compra ACCT, empresa de software voltada para e-commerce, por até R$ 66 milhões, https://www.moneytimes.com.br/quality-compra-acct-empresa-de-software-voltada-para-e-commerce-por-ate-r-66-milhoes/, acessado em 30/12/2021).

- Foi revelado que o Mercado Livre comprou a Ecommet (Mercado Livre compra empresa de software para e-commerce por R$ 36,5 milhões, https://www.jornaldocomercio.com/_conteudo/2017/12/economia/600548-mercado-livre-compra-empresa-de-software-para-e-commerce-por-r-36-5-milhoes.html, acessado em 30/12/2021).

- Foi dito que a Hotmart anunciou a aquisição da BeUni ('Unicórnio' Hotmart compra empresa de logística BeUni por R$ 7 milhões, https://www.terra.com.br/noticias/tecnologia/inovacao/unicornio-hotmart-compra-empresa-de-logistica-beuni-por-r-7-milhoes,84e443cc297ce3defda029d4d88b789esd5cgota.html, acessado em 30/12/2021).

Nos processos de transformação digital de uma sociedade, a velocidade da digitalização das empresas é uma variável de extrema importância.

Os setores que estavam em elevado nível de maturidade digital antes do início da pandemia do novo coronavírus estão sendo consolidados em torno das empresas líderes do mercado.

O desempenho da lucratividade das empresas com elevado nível de maturidade digital está crescendo com velocidade cinco vezes maior que a média das empresas.

Na segunda década do século XXI, a maturidade digital está sendo alavancada pelos seguintes aspectos:

- Novas formas da operação do modelo de negócio
- Novos modelos de negócio
- Conectividade habilitando o engajamento das comunidades e das multidões
- Foco empresarial na experiência do usuário

- Automação, automatização e agilidade na execução dos processos operacionais
- Tomada de decisões com base na análise analítica dos dados e informações.

Para capturar o valor gerado pelos fatores que alavancam a maturidade digital é preciso trabalhar a governança empresarial, ou seja, é necessário adotar um conjunto de melhores práticas de gestão para as decisões que aborde os seguintes assuntos:

- Estratégia corporativa
- Recursos empresariais
- Capacidade corporativa
- Organização dos processos
- Cultura corporativa

A maturidade digital indica o nível da digitalização de uma empresa, ou seja, "otimizada", "gerenciada", "definida", "repetível" e "inicial".

Na maturidade "inicial", as abordagens de digitalização são pontuais e são aplicadas caso a caso.

Na maturidade "repetível", as abordagens de digitalização são executadas por diferentes pessoas e os procedimentos não são padronizados.

Existe neste nível, uma elevada dependência no conhecimento individual das pessoas.

Na maturidade "definida", as abordagens de digitalização são padronizadas, documentadas e comunicadas.

Neste nível de maturidade, os desvios são detectados e corrigidos.

Na maturidade "gerenciada", as abordagens de digitalização são gerenciadas e monitoradas.

Neste nível de maturidade, os processos estão em um ciclo de melhoria contínua e são utilizadas ferramentas autônomas e automatizadas no gerenciamento e monitoração.

Na maturidade "otimizada", as abordagens de digitalização são baseadas nos resultados da melhoria contínua dos processos.

Neste nível de maturidade, as ferramentas autônomas e automáticas são usadas tanto para gerenciar e monitorar as abordagens de digitalização, quanto para melhorar a qualidade e efetividade das ações realizadas.

A maturidade digital é avaliada tanto na dimensão da estratégia corporativa, quanto da capacidade empresarial, quanto da estrutura da organização, quanto da cultura da empresa.

Na dimensão da estratégia corporativa são analisados de forma balanceada os seguintes parâmetros:

- Entendimento da proposta de mudança
- Metas de longo prazo da proposta
- Aspirações de curto prazo da proposta
- Integração da proposta com a estratégia de negócio
- Foco no cliente e usuário
- Oportunidades de crescimento
- Ameaças internas e externas
- Roteiro específico da implantação da proposta

Na dimensão da capacidade empresarial são analisados de forma balanceada os seguintes parâmetros:

- Captura dos dados
- Análise analítica das informações capturadas
- Experiência do usuário e cliente
- Geração de valor
- Abrangência da divulgação da marca, produtos e serviços
- Crescimento do mercado alvo
- Modelo de negócio
- Infraestrutura da plataforma tecnológica

Na dimensão da estrutura da organização são analisados de forma balanceada os seguintes parâmetros:

- Nível de colaboração entre os membros do ecossistema empresarial
- Tecnologia dos canais de comunicação
- Sabedoria das multidões
- Grau da atração e retenção dos talentos
- Nível de proficiência na análise dos dados e informações
- Governança corporativa
- Conjunto de índices e métricas empresariais
- Estrutura organizacional

Na dimensão da cultura da empresa são analisados de forma balanceada os seguintes parâmetros:

- Nível de estímulo para a cultura inovadora
- Capacidade de aprendizado do capital intelectual
- Tolerância para experimentação
- Colaboração dentro do ecossistema
- Sabedoria das multidões
- Agilidade nas decisões
- Decisões baseadas em fatos, dados e informações.

O índice de maturidade digital média do mercado permite a comparação do desempenho individual da maturidade digital de uma empresa localizada no Brasil com os seus concorrentes.

As pesquisas revelam que as empresas com elevado grau de maturidade digital têm desempenho econômico e financeiro melhor.

No Brasil, as empresas com os melhores graus de maturidade digital estão vendo a sua lucratividade crescer com velocidade **três vezes maior** que as demais empresas.

No mundo, as empresas com elevado grau de maturidade digital estão vendo a sua lucratividade crescer com velocidade **cinco vezes maior** que as demais empresas.

A diferença da velocidade de crescimento da lucratividade das empresas mundiais e brasileiras é decorrente do atraso da digitalização no país.

A maioria das empresas brasileiras está usando as tecnologias físicas para aumentar a sua eficiência operacional e melhorar a experiência do usuário.

São raras as empresas nacionais que estão explorando as oportunidades geradas pela análise analítica dos dados e informações para catalisar o crescimento da lucratividade.

Em grande parte, a falta de exploração das oportunidades geradas pela análise analítica dos dados e informações é consequência da falta de qualificação da mão de obra nacional.

Um bom exemplo das perdas causadas pela falta de capacitação do capital intelectual das empresas ocorre no setor de supermercados.

Segundo a Associação Brasileira de Supermercados (Abras) em 2020 foram perdidos R$ 7,6 bilhões (cerca de 1,8% do faturamento bruto das lojas) e 81% das perdas são de produtos perecíveis (frutas, legumes e verduras).

A análise de dados e informações pode zerar estas perdas e aumentar sobremaneira a lucratividade dos supermercados.

O caso dos supermercados ilustra com clareza porque as empresas estrangeiras estão alcançando um aumento da lucratividade com velocidade quase o dobro das empresas nacionais.

No Brasil, a digitalização ainda está focada apenas no aumento da **eficiência** operacional, pouco ou nada é feito em termos da **eficácia** operacional.

A exploração das oportunidades geradas pela análise de dados e informações é o foco da União Europeia, dos Estados Unidos, do Japão, da Coreia do Sul etc.

O grau de maturidade digital das empresas multinacionais que lideram o ranking brasileiro de maturidade (cinco melhores) é parecido com o nível de maturidade das empresas estrangeiras.

Em geral as empresas multinacionais presentes no Brasil têm desempenho semelhante em relação às empresas estrangeiras.

O grau médio de maturidade digital das empresas nacionais está muito abaixo da média das empresas estrangeiras.

Em outras palavras, existe um enorme espaço para a aceleração da digitalização das empresas nacionais.

A grande maioria das empresas nacionais faz parte do grupo de maturidade "inicial" ou "repetível".

O grupo de maturidade "definida" é formado por poucas empresas.

Os grupos de maturidade "gerenciada" e "otimizada" são extremamente pequenos.

As empresas multinacionais têm maior consistência nas práticas da gestão digital e apresentam baixa variabilidade nos indicadores de performance de cada uma das competências.

O crescimento do grau da maturidade digital de uma empresa aumenta a distância dela em relação aos concorrentes e cria uma barreira de competição difícil de ser superada

É na dimensão da capacidade empresarial que existe a maior **dispersão** do nível da maturidade digital das empresas brasileiras em relação às estrangeiras (dispersão média das cinco melhores nacionais contra a média das cinco melhores estrangeiras).

É na dimensão da estrutura da organização que existe a **maior distância** da média do nível da maturidade digital das cinco melhores nacionais e a média das cinco melhores estrangeiras.

Observação:

Estrutura da organização é a estrutura empresarial que viabiliza a transformação digital, ou seja, capital intelectual adequadamente capacitado nas tecnologias físicas, sociais e na análise analítica de dados e informações, ou seja, os papéis desempenhados pela tecnologia, pelo negócio, pelo gerenciamento e pela governança foram definidos e comunicados com transparência e clareza.

Os estudos de casos revelaram que as empresas que lideram o ranking da maturidade digital exploram de forma holística as dimensões e práticas do ordenamento da governança.

As empresas classificadas nos grupos "inicial" ou "repetível" trabalham as práticas de maturidade de forma isolada desconsiderando a visão holística do sistema.

As empresas classificadas no top 5 do ranking da maturidade digital trabalham com ferramentas e modelos tanto para atrair e reter talentos, quanto para desenvolver de forma contínua as habilidades e capacidades da inteligência coletiva.

A inteligência coletiva adequadamente capacitada é capaz de encontrar, usando a análise analítica dos dados e informações, as soluções para melhorar o desempenho da lucratividade do negócio.

A correta capacitação assegura o sucesso das implementações das iniciativas digitais definidas no plano estratégico do negócio e do gerenciamento e monitoramento dos indicadores balanceados de performance da transformação digital.

As empresas que lideram os seus respectivos ecossistemas produtivos e que estão classificadas em grau elevado no ranking da maturidade digital disseminam a necessidade da digitalização para todos os membros do ecossistema.

O conhecimento sobre a maturidade digital conquistado pela empresa líder do ecossistema é disseminado para os membros do ecossistema.

As oportunidades de aprendizagem eliminam as perdas e desperdícios dos erros.

As práticas de transformação digital exigem que a estrutura organizacional do ecossistema tenha papéis e responsabilidades claramente definidos.

A principal consequência da estrutura organizacional efetiva é o estabelecimento de uma política que incentiva a criatividade e gera a cultura de aceitação e mitigação dos riscos.

A experiência do usuário neste novo contexto endereça as necessidades e expectativas dos clientes durante o processo de decisão.

As empresas com baixo nível de maturidade digital priorizaram o seu conjunto de recursos para iniciar a sua transformação digital de forma isolada e incipiente.

Na maioria dos casos, estas empresas têm baixa consciência sobre as mudanças necessárias e não entendem como o digital e a análise analítica dos dados e informações impactam o ecossistema e o modelo de negócio.

Em geral, as empresas com baixo grau de maturidade digital buscam parceiros externos para a sua capacitação digital e para a análise analítica dos dados e informações.

O foco no cliente com a melhoria na experiência do usuário é uma iniciativa largamente usada pelas empresas com baixa maturidade digital.

Capítulo 15

Principais Dificuldades no Brasil

- A análise analítica dos dados e informações dos clientes como ferramenta de apoio para a tomada de decisões é uma competência pobremente executada no Brasil.

- A mentalidade da tomada de decisões baseada na análise analítica dos dados e informações exige o desenvolvimento de uma cultura de decisões objetivas no nível estratégico, tático e operacional.

- Até dezembro de 2021, a minoria das empresas nacionais executou com efetividade a competência de criar uma mentalidade racional para a operação do negócio.

A competência mais desafiadora da transformação digital para as empresas nacionais é o desenvolvimento de um roteiro específico e ambicioso para a implantação das iniciativas digitais.

O roteiro da digitalização deve ser criado considerando que as iniciativas do plano estratégico do negócio devem ser realizadas de forma integrada com todas as camadas operacionais da empresa e do ecossistema.

O roteiro deve ser desenvolvido com base na estratégia digital da organização e na análise analítica dos dados e informações.

São raras as empresas que executam com efetividade a competência do roteiro de implantação.

A análise analítica dos dados e informações dos clientes como ferramenta de apoio para a tomada de decisões é uma competência pobremente executada no Brasil.

Apenas uma pequena parcela das empresas consegue executar com efetividade a competência da atração, contratação e retenção de talentos.

É muito difícil encontrar profissionais capacitados para trabalhar em um modelo de negócio digital e analítico.

A mentalidade da tomada de decisões baseada na análise analítica dos dados e informações exige o desenvolvimento de uma cultura de decisões objetivas no nível estratégico, tático e operacional.

Até dezembro de 2021, a minoria das empresas nacionais executou com efetividade a competência de criar uma mentalidade racional para a operação do negócio.

Capítulo 16

Velocidade da Transformação Digital

- Os setores da economia mais dinâmicos concentram a maioria das empresas com elevado grau de maturidade digital

- No Brasil, os setores de serviços financeiros, varejo, telecomunicações, construção civil etc. foram fortemente impactados pelas mudanças de comportamento dos clientes e pela entrada de novos competidores durante a pandemia do novo coronavírus.

- As organizações que adotaram as melhores práticas da governança corporativa têm elevada probabilidade de gerarem lucratividade superior com a transformação digital.

- No Brasil, as empresas que integraram a transformação digital com a estratégia do negócio criaram um roteiro de implantação da digitalização detalhado e efetivo.

A velocidade da transformação digital das empresas é diferente para cada setor da economia.

Os setores da economia mais dinâmicos concentram a maioria das empresas com elevado grau de maturidade digital

Nestes setores a quantidade de empresas nos estágios iniciais da maturidade digital é mínima.

Este fenômeno ocorreu porque o elevado grau de maturidade digital criou um importante diferencial competitivo para as empresas que fizeram a sua transformação digital antes das outras.

Como consequência do movimento inicial, a maioria das outras empresas investiu fortemente na transformação digital.

No Brasil, os setores de serviços financeiros, varejo, telecomunicações, construção civil etc. foram fortemente impactados pelas mudanças de comportamento dos clientes e pela entrada de novos competidores durante a pandemia do novo coronavírus.

Para atender as necessidades dos clientes e usuários e para sobreviver diante da entrada de empresas internacionais, as empresas destes setores investiram pesadamente na transformação digital do negócio.

A nova dinâmica competitiva fez com que as empresas defasadas na sua transformação digital ficassem obsoletas e diversos CNPJs morreram.

A transformação digital efetiva exige que a estratégia corporativa seja baseada tanto em uma visão ambiciosa dos resultados, quanto em uma visão holística da execução das iniciativas do plano estratégico digital do negócio.

A demonstração transparente e precisa dos resultados alcançados é condição primordial para que a comunicação do avanço da transformação digital alcance todos os membros do ecossistema empresarial.

A correta e efetiva estratégia digital é o fator crítico de sucesso que alavanca o sucesso das iniciativas de transformação digital em uma empresa ou em um ecossistema.

As organizações que adotaram as melhores práticas da governança corporativa têm elevada probabilidade de gerarem lucratividade superior com a transformação digital.

No Brasil, as empresas que integraram a transformação digital com a estratégia do negócio criaram um roteiro de implantação da digitalização detalhado e efetivo.

Estas empresas conseguiram ampliar os efeitos da sua estratégia corporativa trabalhando com mudanças estruturais significativas na implantação dos seus canais digitais.

As dificuldades da implementação das iniciativas da digitalização das empresas que integraram a transformação digital com a estratégia do negócio foram muito menores do que as firmas que não fizeram a integração.

A maioria das empresas que atacaram apenas a competência da experiência do usuário na transformação digital não aumentou a lucratividade do seu negócio.

As empresas com baixo nível de maturidade digital investiram em um roteiro de implantação da transformação digital que era, apenas e tão somente, um conjunto aleatório e sem sentido de iniciativas.

As empresas que atacaram apenas a interface da experiência do usuário na transformação digital enfrentaram grandes desafios na execução das suas ações de digitalização.

O resultado financeiro alcançado foi pobre, ou seja, a lucratividade não aumentou.

A consequência da falta de crescimento da lucratividade foi a morte de diversos CNPJs durante a pandemia do novo coronavírus nos três setores de maior crescimento da economia brasileira.

As empresas conscientes do potencial de crescimento da lucratividade da transformação digital trabalharam as necessidades e expectativas dos clientes para identificar as oportunidades digitais.

As empresas que enfrentaram o desafio de entender como as necessidades e expectativas dos clientes estavam conectadas com a estratégia corporativa do plano estratégico do negócio criaram potencializadores para a sua lucratividade.

A digitalização das ferramentas usadas no dia a dia do negócio e a análise desconectada dos dados e informações não é uma estratégia digital.

Para criar valor agregado para o ecossistema, as iniciativas da digitalização devem ser derivadas da estratégia corporativa e das diferentes visões das dimensões do negócio.

O programa da transformação digital de um modelo de negócio é de longo prazo e é contínuo.

Ele deve ser derivado da estratégia corporativa e deve envolver pelo menos as seguintes iniciativas:

- Estímulo para as inovações
- Big data
- Análise estatística dos dados e informações
- Digitalização dos processos operacionais

A visão empresarial é desdobrada em iniciativas que aceleram os negócios, aumentam a eficiência dos processos e monetizam as ações através de análises estatísticas dos dados e informações.

A digitalização do negócio é o resultado dos investimentos nas iniciativas digitais que aumentam a lucratividade do empreendimento.

A tomada de decisões com base na análise analítica dos dados e informações muda o formato da operação interna de uma organização.

Os canais de comércio eletrônico mudam a operação externa da companhia.

No Brasil, mais de 80% das iniciativas estratégicas do setor do varejo estão relacionadas com a digitalização dos dados e análise analítica dos dados e informações.

As empresas do setor do varejo criaram um modelo de negócio que consiste na monetização das informações (marketplace para endereçar as demandas dos clientes não atendidas pela empresa líder do ecossistema).

No começo do século XXI, as fronteiras que existiam entre as diversas indústrias eram bastante claras e todos conheciam quem eram os seus concorrentes.

Durante a pandemia do novo coronavírus, as demandas e necessidades dos clientes e consumidores cresceram de forma tão intensa e ampla que os papéis executados pela cadeia produtiva foram profundamente alterados.

Foram criados ecossistemas empresariais em que o universo digital levou a atuação das empresas para uma fronteira muito além do negócio tradicional.

A dinâmica dos negócios foi profundamente alterada pelas estratégias digitais.

As empresas do setor da construção civil cujo negócio era construir e vender imóveis criaram, durante a pandemia, plataformas digitais para a venda de produtos e serviços para os proprietários dos imóveis (gestão do condomínio, contratação de fornecedores etc.).

No Brasil, foram raras as empresas que conseguiram dar o salto quântico que transformou a estratégia digital em ações reais e lucrativas.

O alcance das iniciativas publicadas nas plataformas digitais foi durante muito tempo, a principal prioridade da análise analítica dos dados e informações.

A análise analítica dos dados e informações avalia e detalha, em função do tempo, o impacto, a atratividade e a viabilidade técnica e operacional de cada umas das iniciativas propostas.

A estratégia digital das empresas do setor da construção civil considerou as várias dimensões do seu negócio (infraestrutura operacional, capital intelectual etc.).

Mais de 70% das empresas do setor da construção civil no Brasil criaram apenas um plano de alto nível de iniciativas estratégicas para a digitalização.

Menos de 7% das empresas criaram planos com iniciativas factíveis de transformação digital com base em estudos de casos detalhados ou em uma análise de potencialidades, fragilidades, oportunidades e ameaças.

As empresas nacionais do setor de serviços financeiros trabalharam a sua estratégia digital aplicando de forma integrada e em escala as iniciativas digitais para várias áreas da empresa de forma simultânea.

O roteiro de implantação da digitalização foi detalhado através de algoritmos inteligentes.

O plano de implementação considerou as demandas e necessidades de curto e médio prazo.

O roteiro da implantação da transformação digital definiu com clareza os responsáveis por cada atividade e os entregáveis de cada uma das ações.

Em alguns setores da economia brasileira o faturamento da digitalização superou o patamar de 30% do faturamento total da empresa.

Em geral, as empresas brasileiras investiram os seus recursos em ações de marketing e na melhoria da experiência do usuário.

Nem sempre as ações de marketing foram realizadas de forma holística, consistente e lógica.

São raros os casos em que a maior parte do investimento foi direcionada para a melhoria da capacidade analítica da organização.

O aumento da lucratividade gerado pela transformação digital só acontece quando a empresa tem uma estratégia clara de desenvolvimento das capacidades de sustentação das mudanças necessárias.

É preciso construir uma base sólida, robusta e precisa de dados e informações para:

- Suportar a estratégia do negócio
- Desenvolver modelos e ferramentas para a análise das informações
- Aumentar a capacidade analítica da inteligência coletiva para identificar as ameaças e oportunidades
- Para melhorar a efetividade operacional (produtividade)

- Aprimorar o entendimento da experiência do usuário
- Evoluir as habilidades da engenharia para melhorar a experiência do usuário pela personalização dos produtos e serviços
- Trabalhar os canais de comunicação para aumentar o grau de engajamento da comunidade, clientes e membros do ecossistema.

Todos os casos de sucesso da transformação digital foram o resultado do trabalho do capital intelectual coletivo usando de forma adequada e efetiva as ferramentas disponíveis, os métodos homologados, as metodologias aprovadas e as tecnologias viabilizadas.

Muitas empresas no Brasil concentraram os seus esforços de transformação digital na melhoria da qualidade dos dados.

Estas empresas adotaram medidas concretas para a segurança e privacidade das informações dos usuários.

A maioria das medidas exigiu uma rápida transformação da organização dos dados.

Apesar dos avanços em termos do processamento dos dados pessoais dos clientes aqui no Brasil, ainda é preciso evoluir tanto a qualidade dos dados, quanto a quantidade de informações disponíveis, quanto a capacidade de processamento das informações.

Todas as áreas do negócio devem ser envolvidas nas ações de melhoria dos dados e capacitação analítica do capital intelectual coletivo da empresa.

O **primeiro passo** da jornada da maturidade digital é a criação de uma fonte única da verdade (estrutura de dados).

Uma base centralizada, acurada e realista de dados permite a personalização do marketing, a evolução do planejamento do portfólio de produtos e serviços e a conquista da efetividade logística.

As bases de dados de cada um dos membros do ecossistema empresarial devem ser consolidadas em uma única fonte da verdade.

O banco de dados centralizado deve ser disponibilizado para todos os membros da cadeia de valor para que o sistema produtivo possa ser melhorado.

O **segundo passo** da jornada da maturidade digital é a organização das informações geradas pelos milhares de sensores distribuídos nas diversas plantas produtivas.

O **terceiro passo** da jornada da maturidade digital é o enriquecimento da inteligência coletiva pela participação das comunidades espalhadas no mundo inteiro.

A inteligência das multidões permite a descoberta de informações novas e aumenta o valor dos dados existentes.

A transformação digital exige a participação de todos para melhorar a gestão do negócio.

As iniciativas digitais que aumentam a lucratividade do negócio são geradas pela análise analítica sistemática das informações da base de dados centralizada e acurada.

Os dados são usados no primeiro momento para fazer a análise descritiva da oportunidade.

No segundo momento, os dados são utilizados para fazer a análise preditiva da oportunidade.

No terceiro momento, os dados são usados para a análise prescritiva da oportunidade.

No Brasil, praticamente todas as empresas pesquisadas usam modelos descritivos triviais e técnicas básicas de análise estatística.

As empresas com elevada maturidade digital usam modelos inteligentes e sofisticados para analisar as oportunidades e iniciativas.

As empresas que usam modelos inteligentes de análise das atividades de gestão e operação (fluxo de caixa, variação do câmbio, variação da taxa de juros, monitoração das plantas produtivas e dos riscos operacionais) e de mapeamento das variáveis externas incontroláveis conseguem prever com antecedência as ameaças ao negócio e direcionar as decisões sobre o planejamento da produção para o caminho correto.

As decisões sobre o planejamento da produção levam em consideração as necessidades da cadeia de suprimentos.

As empresas digitalmente maduras, usam as soluções de Internet das Coisas (IdC) para o gerenciamento do consumo de energia das suas instalações.

Os milhares de sensores instalados capturam as informações e automatizam os processos gerando assim um custo ótimo de energia elétrica.

Foi revelado que o custo da energia elétrica da operação de 5G será 30% menor com os equipamentos da Huawei (Conta de luz cara ajuda Huawei em negociação com teles vencedoras do leilão do 5G, https://www1.folha.uol.com.br/mercado/2021/11/conta-de-luz-cara-ajuda-huawei-em-negociacao-com-teles-vencedoras-do-leilao-do-5g.shtml?origin=folha, acessado em 30/12/2021).

Capítulo 17

Experiência do Usuário

- As empresas nacionais estão investindo pesadamente na personalização da experiência do usuário e na publicação de ferramentas de autoatendimento.

- Uma situação em que existe a possibilidade de atraso na entrega da compra (por exemplo, entrega programada da compra em um supermercado que exige a presença do cliente no momento da entrega) é imediatamente comunicada para o cliente.

- Os sensores instalados nos produtos e nas linhas de produção permitem que a área comercial do ecossistema empresarial monitore a necessidade de manutenção dos equipamentos facilitando assim o endereçamento das necessidades dos clientes.

No caso brasileiro, a maioria das empresas acredita que a melhoria da experiência do usuário via personalização é o suficiente para fazer a transformação digital do negócio.

As empresas nacionais estão investindo pesadamente na personalização da experiência do usuário e na publicação de ferramentas de autoatendimento.

As empresas digitalmente maduras contratam recursos exclusivos para o mapeamento da experiência do usuário e do cliente,

O mapeamento é feito fim a fim e revela os pontos críticos da jornada no ponto de vista dos usuários e clientes.

Estas informações são utilizadas para redesenhar a experiência do usuário.

As novas jornadas são desenvolvidas considerando tanto a opinião dos usuários e clientes, quanto a participação ativa deles no redesenho da experiência.

Neste caso, as ferramentas de monitoração das decisões dos consumidores são utilizadas para estabelecer uma estrutura dinâmica de relacionamento com os clientes.

Os pontos de relacionamento com os clientes são programados na ferramenta para que os consumidores recebam com frequência e em tempo real as informações sobre a situação atual das suas compras.

Uma situação em que existe a possibilidade de atraso na entrega da compra (por exemplo, entrega programada da compra em um supermercado que exige a presença do cliente no momento da entrega) é imediatamente comunicada para o cliente.

Os sensores instalados nos produtos e nas linhas de produção permitem que a área comercial do ecossistema empresarial monitore a necessidade de manutenção dos equipamentos facilitando assim o endereçamento das necessidades dos clientes.

As instituições de ensino digitalmente maduras, mapeiam e aprimoram a experiência dos clientes e usuários considerando as necessidades dos pais e alunos (matrícula, conclusão do curso e educação continuada).

Para fidelizar por décadas os alunos é preciso implementar uma estratégia de comunicação personalizada para os pais e alunos.

O uso de sistemas inteligentes de monitoração das decisões dos clientes permite a customização da experiência do usuário (pais e alunos).

Capítulo 18

Marketing Digital

- As redes sociais podem ser utilizadas para otimizar os gastos de marketing desde que exista uma clara estratégia corporativa.

- Para muitas empresas brasileiras a atração, contratação e retenção dos talentos e a disseminação do conhecimento é um desafio de elevada monta.

- É o capital intelectual que viabiliza a comunicação e o entendimento do negócio pelos clientes.

- As funções desempenhadas pelos especialistas de tecnologia e negócio precisam endereçar as necessidades dos clientes.

O investimento de recursos financeiros no marketing digital não garante o aumento da lucratividade do negócio.

Muitas empresas entendem que as mídias sociais são uma ferramenta para aumentar o reconhecimento da sua marca.

Não existe no mundo dos negócios o fenômeno de geração espontânea de lucratividade.

As redes sociais podem ser utilizadas para otimizar os gastos de marketing desde que exista uma clara estratégia corporativa.

O plano de marketing deve ter foco no crescimento das vendas e na geração de resultados.

Apenas as empresas digitalmente maduras conseguem alavancar a riqueza das informações e dados para criar um plano inteligente e dinâmico de marketing baseado no desempenho das iniciativas.

O retorno sobre o investimento em marketing está presente em dez entre dez empresas digitalmente maduras.

Estas firmas têm uma visão ampla, profunda e de 360 graus dos seus clientes.

Os investimentos em mídias tradicionais estão integrados com as campanhas digitais.

As empresas que adotaram com efetividade as práticas da governança corporativa implementaram a transformação digital e conquistaram a maturidade digital.

Nestas firmas os talentos são atraídos, contratados e retidos e existe a disseminação do conhecimento.

Para muitas empresas brasileiras a atração, contratação e retenção dos talentos e a disseminação do conhecimento é um desafio de elevada monta.

Muitas empresas, ainda apoiam a sua estratégia organizacional na rotatividade do capital intelectual e no preconceito contra o cabelo branco.

Para aumentar a lucratividade com a transformação digital, a empresa precisa estimular a colaboração efetiva de todas as unidades produtivas.

É importante que a estratégia organizacional seja racional e objetiva, por isso é necessário o uso de indicadores de performance relacionados com as prioridades do plano estratégico do negócio.

Os indicadores são monitorados continuamente pela empresa, para avaliar a capacidade da corporação para atrair, desenvolver e reter talentos.

No mundo da competição digital, as competências e capacitações do capital intelectual fazem com que exista uma forte proficiência nas funções críticas do negócio.

É o capital intelectual que viabiliza a comunicação e o entendimento do negócio pelos clientes.

As funções desempenhadas pelos especialistas de tecnologia e negócio precisam endereçar as necessidades dos clientes.

As organizações digitalmente maduras são ágeis e tem unidades de negócio independentes e integradas.

A excelência operacional é o resultado do trabalho de um sistema coeso e holístico.

As empresas brasileiras investem muito no marketing e na melhoria da experiência do usuário e quase não investem na melhoria das suas capacidades analíticas.

Na empresa digitalmente madura, os gestores acessam os dados das compras dos clientes e as recomendações dos vendedores para gerar ofertas para os consumidores:

O gerenciamento destas ofertas é feito de forma centralizada, para garantir a padronização, precisão e qualidade da comunicação.

Os vendedores podem usar as ferramentas digitais para criar promoções especificas para clientes selecionados.

O gerenciamento do desempenho dos vendedores é feito através do ranqueamento da performance.

As firmas usam as campanhas de recompensas e premiações para estimular a criatividade dos seus vendedores.

Na organização digitalmente madura, não existem diferenças entre o negócio digital e o restante do negócio.

Muitas empresas têm uma estrutura formal com um forte grau de centralização das funções.

Nestes casos, a alta administração atua de forma dedicada tanto em relação ao digital, quanto ao analógico.

As estruturas especializadas descentralizadas facilitam a definição dos papéis e responsabilidades da execução da estratégia ao mesmo tempo em que viabilizam o dinamismo corporativo e asseguram o envolvimento da alta administração e dos influenciadores.

No Brasil, são raras as estruturas organizacionais decentralizadas e por isso muitas decisões são tomadas pela alta administração.

As empresas maduras na estrutura descentralizada avaliam o universo digital e o tradicional com os mesmos olhos.

Nestes casos, o digital e analógico estão tão fortemente disseminados e incorporados na cultura da organização que não mais existem oportunidades digitais.

No ambiente de estrutura organizacional descentralizada existem apenas oportunidades de negócios.

As organizações focadas no crescimento da lucratividade atuam com equipes multidisciplinares integradas com as demais áreas da empresa.

Estas empresas têm uma notável habilidade de sincronizar as iniciativas de análise analítica dos dados e informações com as funções executadas pelas áreas de negócio.

Em geral, cada uma das células operacionais tem uma pessoa alocada exclusivamente para a análise analítica dos dados e informações.

O especialista lidera e organiza a visão sistêmica do desempenho da célula, desenvolve os relatórios de performance e realiza testes para garantir a sincronização da execução das diversas ações das iniciativas.

A governança demanda por controle, transparência e previsibilidade, por isso é preciso criar fóruns formais de gerenciamento e monitoramento das práticas executadas.

É possível desta forma, reforçar os comportamentos desejados por incentivos formais e garantir a realização das transformações necessárias.

Capítulo 19

Recompensas e Premiações

- O bônus distribuído para os executivos é o resultado do sucesso da transformação digital.
- Todos os funcionários participam do programa de recompensas e premiações de forma proporcional as necessidades do negócio de curto, médio e longo prazo.
- Muitas empresas brasileiras executam pobremente as práticas da governança corporativa, porque falta conhecimento e capacitação para o seu capital intelectual.
- O real talento profissional é fruto da combinação das habilidades técnicas e comportamentais.

Nas empresas maduras digitalmente, a alta administração é formalmente responsabilizada pelo sucesso das iniciativas digitais de negócio.

O bônus distribuído para os executivos é o resultado do sucesso da transformação digital.

O programa de recompensas e premiações não é uma exclusividade da alta administração.

Todos os funcionários participam do programa de recompensas e premiações de forma proporcional às necessidades do negócio de curto, médio e longo prazo.

Existe uma clara escassez de talentos no mercado nacional, ou seja, é preciso ter valores corporativos que atraiam e retenham o capital intelectual mais promissor.

Não existem espaços para preconceitos na formação do capital intelectual corporativo.

Muitas empresas brasileiras executam pobremente as práticas da governança corporativa, porque falta conhecimento e capacitação para o seu capital intelectual.

A proficiência na análise analítica dos dados e informações é o fruto do trabalho árduo por vários anos.

A elevada rotatividade da mão de obra brasileira é uma enorme barreira contra a exploração de oportunidades que aumentam a lucratividade do negócio.

Alguns ecossistemas brasileiros estão sabiamente investindo na revisão dos seguintes modelos:

- Seleção, recrutamento e manutenção dos talentos
- Capacitação e qualificação da mão de obra
- Terceirização
- Fusão e aquisição de empresas iniciantes
- Aceleração de empresas iniciantes

As empresas digitalmente maduras têm efetividade organizacional e governança corporativa para implementar a transformação digital trabalhando com talentos e com a disseminação do conhecimento.

A melhor solução para a seleção, recrutamento e retenção de talentos é a busca de profissionais nas comunidades de inovação e nos eventos qualificados de tecnologia.

O real talento profissional é fruto da combinação das habilidades técnicas e comportamentais.

O líder de uma iniciativa é o responsável pela geração do impacto positivo de longo prazo na lucratividade.

Muitas das empresas brasileiras que atualmente reclamam da escassez de profissionais qualificados no mercado demitiram no passado profissionais altamente gabaritados por causa da idade, peso etc.

Em alguns poucos casos, a terceirização foi adotada como uma solução de contorno para a capacitação.

No entanto, a efetividade desta solução foi bastante baixa por causa da necessidade de habilidades comportamentais e culturais para os talentos.

A alternativa de desenvolver internamente as habilidades necessárias para o capital intelectual via capacitação e treinamento gerou resultados melhores para a lucratividade.

Capítulo 20

Centro de Excelência do Conhecimento (CEC)

- O CEC ou escritório de projetos é responsável pela capacitação digital e analítica dos profissionais das áreas de negócio.

- A maioria das empresas no Brasil tem enormes dificuldades tanto com o desenvolvimento ágil, quanto com a cultura inovadora.

- É preciso, portanto, que o entendimento da visão holística das iniciativas digitais seja incentivado e comunicado frequentemente.

- O indicador "sucesso do cliente" é um dos principais critérios usados para medir o desempenho da organização.

Os ecossistemas empresariais que atraíram e desenvolveram os talentos ou que criaram um centro de excelência do conhecimento alcançaram mais rapidamente a maturidade digital.

No Brasil, ainda são poucas empresas que criaram o seu Centro de Excelência do Conhecimento.

Os ecossistemas que selecionam, recrutam e contratam talentos para o seu CEC são raríssimos no Brasil.

O CEC ou escritório de projetos é responsável pela capacitação digital e analítica dos profissionais das áreas de negócio.

Nas empresas digitalmente maduras, o desenvolvimento ágil trabalha em conjunto com a cultura inovadora para gerar valor.

A maioria das empresas no Brasil tem enormes dificuldades tanto com o desenvolvimento ágil, quanto com a cultura inovadora.

Este é o principal fator da baixa geração de valor da transformação digital no Brasil.

O nível cultural dos executivos das empresas no Brasil é a principal barreira para o sucesso das iniciativas digitais e aumento da lucratividade.

A transformação digital exige que a cultura corporativa esteja preparada para trabalhar em uma superfície de contorno com as seguintes características:

- Agilidade: Elevada velocidade na tomada de decisões e na execução das iniciativas.
- Experimentação: Ciclo de aprendizado estruturado em processos e sistemas com interações baseadas na análise objetiva dos dados e informações.
- Mitigação dos riscos: Exposição controlada e planejada aos riscos com base na análise analítica dos dados e informações.
- Ambiente colaborativo: Times multifuncionais comprometidos com o compartilhamento do conhecimento, efetividade do projeto e implementação de soluções com base na análise analítica dos dados e informações.
- Racionalidade: Ambiente de trabalho baseado na análise analítica dos dados e informações. As decisões estratégicas, táticas e operacionais são tomadas racionalmente pelas áreas de negócio.
- Sabedoria das multidões: Busca por soluções externas para capacitar o capital intelectual do ecossistema e melhorar a análise analítica dos dados e informações das atividades não essenciais da cadeia produtiva.

A transformação digital exige mudanças na mentalidade e no comportamento de todos os níveis da organização.

Os influenciadores do projeto de digitalização do negócio precisam fazer com que as lideranças sejam o exemplo que deve ser seguido pelos funcionários e membros do ecossistema.

É preciso, portanto, que o entendimento da visão holística das iniciativas digitais seja incentivado e comunicado frequentemente.

Em outras palavras, é de vital importância a criação de uma narrativa da transformação digital.

O desenvolvimento de novas habilidades é parte do dia a dia do negócio, ou seja, a capacitação continuada do capital intelectual em tecnologias físicas e sociais é o novo normal.

A infraestrutura, os sistemas, os processos e os incentivos são componentes do mecanismo de realimentação da estratégia corporativa.

A maioria das empresas tem pleno entendimento das mudanças culturais exigidas pela transformação digital.

No Brasil, a agenda das mudanças culturais vem sendo adiada por hábitos antigos e por iniciativas que geram resultados positivos de curtíssimo prazo na minoria dos casos (na maioria das empresas os resultados gerados por tais iniciativas são nulos ou negativos).

Muitas destas iniciativas conflitam com as soluções que aumentam a lucratividade do negócio de forma sustentável.

Existe em muitas organizações um completo desalinhamento entre as áreas de negócio e a transformação digital.

O resultado do desalinhamento é um bloqueio dos investimentos de médio e longo prazo.

Muitos não querem que sejam feitas mudanças na mentalidade corporativa e nos comportamentos empresariais.

Todas as empresas com elevada lucratividade sabem qual é a importância da cultura da inovação e do controle dos riscos.

No Brasil, muitas empresas toleram apenas os riscos de baixo valor e de impacto mínimo (ou nulo) na lucratividade do negócio.

A maior parte das empresas no Brasil não entendeu que o apetite ao risco está diretamente conectado com a cultura do aprendizado e com as práticas que viabilizam o crescimento da captura de valor.

As empresas que adotaram o desenvolvimento ágil em conjunto com a cultura da inovação aumentaram significativamente o desempenho da sua lucratividade.

Algumas poucas empresas no Brasil conseguem trabalhar com efetividade com equipes ágeis.

Nestes casos, as equipes trabalham de forma integrada às iniciativas da transformação digital com a operação do negócio para criar um ambiente ágil.

Uma empresa que é líder no seu segmento de mercado no Brasil adotou como lema o princípio de aprender com os erros.

A empresa assumiu os seus erros e disseminou o aprendizado conquistado em cada uma das suas iniciativas realizadas.

Ela buscou a sabedoria das multidões para entender onde falhou e trabalhou com a inteligência das empresas iniciantes para aumentar tanto a capacidade do seu capital intelectual, quanto a sua lucratividade.

Muitas empresas entendem que a capacitação da sua mão de obra é uma atividade essencial para o seu negócio.

Estas organizações contratam as capacidades externas apenas em situações particulares e restritas.

A maioria das firmas digitalmente maduras entende que a qualificação do seu capital intelectual é um fator crítico de sucesso.

Nestes casos, a alta administração entende que as atividades relacionadas com o aprimoramento do capital intelectual devem ser internalizadas.

Os esforços de transformação digital que têm como foco a disseminação no ecossistema da melhoria da experiência do usuário trabalham a comunicação para mudar a mentalidade da estrutura.

Neste caso, o indicador "sucesso do cliente" é um dos principais critérios usados para medir o desempenho da organização.

O modelo de trabalho colaborativo gera agilidade organizacional e incentiva a inovação.

A cultura da inovação deve ser disseminada no ecossistema, ou seja, todos os membros da comunidade empresarial são incentivados para assumir riscos e aprender com os erros.

Capítulo 21

Sucesso ou Fracasso

- A digitalização do negócio exige o desenvolvimento de novas capacidades na comunidade empresarial.

- Os setores do varejo, alimentação, agronegócio, pets, serviços financeiros, telecomunicações e tecnologia, logística, transporte, bens de consumo, manufatura de tecnologia de ponta e Infraestrutura avançaram diversos passos na direção da maturidade digital no Brasil desde o começo da pandemia em 2020.

- A experiência do usuário é a competência em que as práticas estão no patamar mais elevado da maturidade digital.

- Em especial a competência da segurança digital tem diversas inconsistências graves nos ecossistemas.

A velocidade da transformação digital varia tanto de empresa por empresa, quanto por setor da economia.

O investimento deve ser realizado tanto na captura do valor agregado do modelo de negócio existente, quanto no desenvolvimento de um modelo de negócio compatível com a transformação da indústria.

A execução de cada uma das iniciativas digitais pode ocorrer dentro ou fora da empresa.

A internalização ou externalização das ações é uma decisão estratégica do negócio que é tomada considerando os pontos fortes e fracos existentes dentro do ecossistema.

Em geral as inciativas de baixa sinergia com o negócio são executadas de forma separada por entidades externas ao ecossistema.

A digitalização do negócio exige o desenvolvimento de novas capacidades na comunidade empresarial.

O planejamento da digitalização deve permitir o amadurecimento das novas capacidades.

Em outras palavras, é preciso criar e implantar políticas, ferramentas e formas de trabalho que possam ser disseminadas por todo o ecossistema para que as ações digitais e analógicas do negócio sejam realizadas de forma integrada.

Também é preciso criar e implantar as políticas de responsabilização da transformação digital.

É preciso definir e implantar a estrutura organizacional e o modelo de governança para monitorar e gerenciar a transformação digital.

Em alguns casos, foi adotada a estrutura de escritório de projetos central para impedir a fragmentação da gestão do programa de projetos e para responsabilizar de forma individual e coletiva a execução das ações.

Todos os membros da comunidade empresarial devem tanto conhecer em detalhes as metas da digitalização, quanto participar ativamente da transformação da mentalidade corporativa.

Todos os membros do ecossistema têm no processo de digitalização as seguintes responsabilidades:

- Promover as mudanças necessárias
- Criar e desenvolver habilidades necessárias para a maturidade digital
- Preparar os colaboradores para o futuro do empreendimento

- Digitalizar ferramentas e processos da operação do negócio
- Criar a cultura de tomar decisões com base na análise analítica dos dados e informações.

A alta administração deve criar as condições tanto para aumentar a autonomia dos colaboradores, quanto para estimular o aprendizado continuado, quanto para criar um ambiente de trabalho tolerante aos erros.

Os executivos devem comunicar frequentemente o propósito da transformação digital usando todos os canais de comunicação existentes.

O processo de mudança das necessidades dos clientes foi tão intenso durante a pandemia do novo coronavírus que a transformação digital é atualmente um fator crítico de sucesso para a sobrevivência das empresas no Brasil.

Os setores do varejo, alimentação, agronegócio, pets, serviços financeiros, telecomunicações e tecnologia, logística, transporte, bens de consumo, manufatura de tecnologia de ponta e Infraestrutura avançaram diversos passos na direção da maturidade digital no Brasil desde o começo da pandemia em 2020.

O setor de serviços financeiros vem investindo por décadas nos modelos e ferramentas digitais e por isso apresenta menor variabilidade nos indicadores da maturidade digital.

Os setores do varejo, pets, alimentação, telecomunicações, tecnologia e bens de consumo foram capazes de criar políticas razoavelmente estruturadas em algumas práticas da governança da maturidade digital.

A experiência do usuário é a competência em que as práticas estão no patamar mais elevado da maturidade digital.

Existem ainda muitas falhas nas outras competências da maturidade digital das empresas no Brasil dos setores do varejo, pets, alimentação, telecomunicações, tecnologia e bens de consumo.

Em especial, a competência da segurança digital tem diversas inconsistências graves nos ecossistemas.

As competências da dimensão da consciência do potencial das mudanças da digitalização (análise analítica dos dados e informações nas decisões, organização administrativa e cultura corporativa) são as de menor nível de maturidade digital para as empresas dos setores do varejo, pets, alimentação, telecomunicações, tecnologia e bens de consumo no Brasil.

Dentro de um setor da economia brasileira existe uma grande variabilidade nos indicadores da maturidade digital.

Nos setores dos serviços financeiros, alimentação, pets, varejo, telecomunicações, transporte, infraestrutura, tecnologia e bens de consumo a variabilidade entre as notas da maturidade digital da empresa líder e a média das notas é muito grande.

As empresas líderes do setor são muito maiores e mais fortes do que as demais empresas do segmento nos setores dos serviços financeiros, alimentação, pets, varejo, telecomunicações, transporte, infraestrutura, tecnologia e bens de consumo.

O subsegmento da indústria de tecnologia de ponta é o segmento em que a variabilidade das notas da maturidade digital é menor.

No subsegmento, a diferença de porte entre a empresa líder e as demais empresas é pequena.

A seleção natural fez com que as empresas em estágio inicial de desenvolvimento fossem raras no subsegmento da indústria de tecnologia de ponta.

A homogeneização das notas da maturidade digital vem ocorrendo nos setores em que a pressão competitiva é bastante elevada.

As boas práticas da governança corporativa vêm fazendo com que a transformação digital avance com elevada velocidade nos ambientes de grande pressão competitiva.

A competição do mercado fez com que o diferencial competitivo alcançado pela digitalização da empresa líder fosse mínimo em relação às demais empresas.

Em outras palavras, o avanço digital é um componente de elevada importância para o negócio de elevada concorrência.

Nos casos dos mercados altamente competitivos existe uma forte tendência de homogeneização das notas da maturidade digital.

O setor de **serviços financeiros** é o segmento econômico com maior grau de maturidade digital no Brasil e está posicionado entre os cinco melhores no mundo.

Lucro dos 4 maiores bancos sobe 90% em um ano e é o 3º maior da história (https://economia.uol.com.br/noticias/redacao/2021/08/06/lucro-liquido-dos-bancos-bate-recorde.htm, acessado em 30/12/2021).

Bradesco registra lucro recorde de R$ 26,2 bilhões em 2021, alta de 35% (https://www1.folha.uol.com.br/mercado/2022/02/bradesco-registra-lucro-recorde-de-r-262-bilhoes-em-2021-alta-de-35.shtml?utm_source=mail&utm_medium=social&utm_campaign=compmail&origin=folha, acessado em 09/02/2022).

Lucro do Itaú soma R$ 26,8 bilhões em 2021, alta de 45% (https://www1.folha.uol.com.br/mercado/2022/02/lucro-do-itau-soma--r-268-bilhoes-em-2021-alta-de-45.shtml?utm_source=mail&utm_medium=social&utm_campaign=compmail&origin=folha, acessado em 11/02/2022).

BB tem lucro recorde de R$ 21 bilhões em 2021, alta de 51,4% (https://www1.folha.uol.com.br/mercado/2022/02/bb-tem-lucro-recorde--de-r-21-bilhoes-em-2021-alta-de-514.shtml?utm_source=mail&utm_medium=social&utm_campaign=compmail&origin=folha, acessado em 15/02/2022).

Lucro dos grandes bancos alcança R$ 81,6 bilhões em 2021 (https://www1.folha.uol.com.br/mercado/2022/02/lucro-dos-grandes-bancos-alcanca-r-816-bilhoes-em-2021.shtml?utm_source=mail&utm_medium=social&utm_campaign=compmail&origin=folha, acessado em 16/02/2022).

O resultado da maturidade digital superior do setor de serviços financeiros nas competências das dimensões da governança da digitalização (Estratégia empresarial, Capacidade do capital intelectual, Organização administrativa e Cultura corporativa) foi o forte crescimento da lucratividade em um cenário de crescimento negativo ou baixo do Produto Interno Bruto do Brasil.

No Brasil, as empresas do segmento de seguros, meios de pagamento e bancos apresentam o maior grau de maturidade do setor.

Na dimensão da Estratégia empresarial, o nível de entendimento da importância do potencial da mudança da transformação digital é muito elevado.

O setor de serviços financeiros vem desenvolvendo por décadas a alavancagem do valor de um grande volume de dados e informações e por isso, ele tem uma cultura madura e ampla nas decisões baseadas na análise analítica dos dados e informações.

O capital intelectual sabe trabalhar com modelos estatísticos bastante sofisticados e com ferramentas inteligentes.

O setor criou um ecossistema focado na experiência do usuário, na digitalização dos processos e na agilidade operacional.

Os maiores bancos brasileiros investiram bilhões de reais nas últimas décadas na digitalização do negócio.

Durante a pandemia do novo coronavírus, as empresas do segmento de meios de pagamento perceberam o grau de disrupção que a digitalização trazia para o setor.

Muitas empresas converteram este conhecimento em uma arrojada visão estratégica de longo prazo.

As empresas estão trabalhando arduamente para ampliar o uso dos meios de pagamento digitais e para reduzir o uso de dinheiro físico na sociedade brasileira,

A transformação digital dos meios de pagamento reduz custos (por exemplo, dos seguros), desperdícios e ineficiências ao mesmo tempo em que potencializa a análise analítica dos dados e informações em toda a cadeia produtiva.

A digitalização dos meios de pagamento reduz as perdas por fraudes ao mesmo tempo em que revela em tempo real o comportamento dos consumidores.

É importante reforçar neste momento a afirmação de que a melhoria da experiência do usuário é a ação de maior investimento na digitalização das empresas brasileiras.

No Brasil, foram desenvolvidas desde o início da pandemia do novo coronavírus em 2020, milhares de iniciativas criando canais digitais de comunicação com os usuários e clientes.

Ainda é muito pequeno o investimento nas habilidades analíticas do capital intelectual, na agilidade dos processos, na atração e retenção dos talentos e no desenvolvimento de um ecossistema.

As empresas do **setor do varejo** apresentam o segundo maior nível das notas da maturidade digital no Brasil.

O setor do varejo nacional está entre os cinco melhores no ranking da maturidade digital no mundo.

Em muito pouco tempo, foram produzidos avanços significativos na digitalização dos negócios do varejo.

As maiores empresas do segmento econômico do varejo trabalham com a análise analítica dos dados e informações para entender o comportamento do consumidor.

As empresas que trabalharam com afinco no comércio eletrônico durante a pandemia do novo coronavírus, descobriram diversos marcos que definiam o comportamento dos consumidores nas suas decisões.

O consumidor brasileiro claramente preferiu durante a pandemia selecionar e comparar os produtos pela internet.

A maioria comprava pelos canais de comércio eletrônico, mas uma parte significativa dos consumidores tinha enorme resistência para comprar pela internet.

Claramente a experiência do usuário era ruim para uma parte significativa dos consumidores.

As empresas líderes utilizam a análise analítica dos dados e informações para melhorar a navegabilidade dos clientes nos canais digitais.

Foram identificados problemas nos prazos de entrega, nos preços dos fretes e nos horários das entregas.

As maiores empresas do segmento usaram as suas lojas físicas como ponto de contato das lojas virtuais.

Os clientes podiam comprar pela internet e receber ou na loja física ou no seu endereço.

A tomada de decisões com base na análise analítica dos dados e informações exigiu uma maior efetividade do processo de captura dos dados gerados nas interações presenciais e virtuais dos clientes.

As maiores empresas do setor do varejo trabalharam arduamente para maximizar o impacto do uso da análise analítica dos dados e informações nas inciativas de melhoria da experiência do usuário e nas suas campanhas de divulgação dos produtos e serviços.

O setor de **telecomunicações e tecnologia** brasileiro é o que apresenta o maior nível de consciência do potencial econômico gerado pelas mudanças da transformação digital e da análise analítica dos dados e informações.

A maioria das empresas do segmento é de grande porte e por isso o nível de concorrência é bastante elevado.

É um setor formado por poucas empresas em que praticamente todas têm elevado nível de maturidade digital nas práticas de propaganda e marketing digital e na análise analítica dos dados e informações para estruturar as ações de divulgação da marca, produtos e serviços.

As empresas brasileiras de telecomunicações e tecnologias estão bastante atrasadas em relação à média do mercado nacional nas dimensões da organização administrativa e cultura corporativa.

A governança da maturidade digital e o projeto de implementação das iniciativas da transformação digital são pobremente executadas pela estratégia de priorizar os resultados de curto prazo.

As empresas do **setor de bens de consumo** têm alto nível de maturidade na integração da transformação digital com a estratégia corporativa através da:

- Amplitude das iniciativas
- Tomada de decisões com base na análise analítica dos dados e informações em toda a cadeia de suprimentos

As empresas que lideram o segmento de bens de consumo desenvolveram um robusto roteiro de implantação da digitalização com base em estudos de casos reais.

A principal estratégia do setor de bens de consumo foi a digitalização de toda a cadeia produtiva.

As iniciativas propostas endereçaram as necessidades das oportunidades presentes no mercado e impactaram positivamente a lucratividade do negócio.

O nível da maturidade digital das empresas do setor de bens de consumo nas competências das dimensões da Capacidade do capital intelectual e da Organização administrativa está abaixo da média nacional.

Existem falhas graves nas práticas relacionadas com a consistência dos dados, com as garantias das entregas e com a governança da transformação digital.

É preciso investir os recursos corporativos na melhoria da amplitude e coerência dos dados para aumentar o valor agregado capturado.

A nota média da maturidade digital das empresas nacionais do **setor de logística, transporte e infraestrutura** é baixa.

As competências das dimensões da Capacidade do capital intelectual e da Organização administrativa são as que têm melhores notas, pois as empresas adotaram durante a pandemia do novo coronavírus diversas ferramentas de análise analítica dos dados e informações e de propaganda e marketing.

Apesar da execução de diversas iniciativas de análise analítica dos dados e informações em toda a cadeia de suprimentos, o nível da integração da transformação digital com a estratégia do negócio ainda é baixo no setor de logística, transporte e infraestrutura.

São raras as empresas no segmento que planejaram e executaram as iniciativas focadas na estruturação consistente dos dados e informações.

No **setor industrial**, o nível da maturidade digital está em um patamar bem abaixo da média das empresas brasileiras.

Apenas as indústrias líderes (em geral transnacionais) desenvolveram uma estratégia de longo prazo focada no cliente.

As indústrias do subsegmento de energia não têm uma estrutura efetiva para os dados capturados e armazenados.

Algumas raras indústrias entenderam a mudança estratégica da transformação digital e adotaram modelos analíticos para as suas ações de propaganda e marketing.

É bastante embrionário na indústria o foco na melhoria das habilidades do capital intelectual e na contratação e retenção de talentos.

No subsegmento das indústrias de tecnologia de ponta, várias empresas conseguiram alcançar elevado nível de maturidade no desenvolvimento de um roteiro robusto para a transformação digital.

Estas empresas foram capazes de estruturar os seus projetos de digitalização do negócio envolvendo todos os níveis da organização.

Os fundos de capital de risco estão investindo na transformação digital das indústrias de tecnologia de ponta.

As indústrias de tecnologia de ponta têm elevado grau de maturidade no entendimento do impacto da digitalização no negócio e na integração da transformação digital com a estratégia do negócio.

As cadeias de suprimentos deste subsegmento da indústria estão trabalhando com várias iniciativas digitais.

As decisões são tomadas com base na análise analítica em toda a cadeia produtiva.

Existem várias dificuldades em algumas indústrias de tecnologia de ponta brasileiras em relação ao desenho da estrutura organizacional que alavanca a transformação digital, que aumenta o nível da agilidade e que faz a análise analítica dos dados e informações.

Algumas indústrias nacionais de tecnologia de ponta tem um elevado grau de resistência em relação à adoção dos modelos mais modernos de análise estatística.

Falta uma maior objetividade na política de contratação e retenção dos talentos e alguns membros do ecossistema não estão tomando as suas decisões em relação aos talentos com base na análise analítica dos dados e informações.

As indústrias de tecnologia de ponta estão investindo com vigor nas ações de propaganda e marketing digital através da criação de vídeos personalizados por público-alvo.

O atendimento ao cliente vem recebendo fortes investimentos, pois os produtos conectados enviam dados e informações sobre a necessidade de manutenção dos equipamentos para o departamento comercial.

A indústria de tecnologia de ponta iniciou um ciclo de melhoria contínua dos serviços entregues.

Os **setores de educação, saúde e serviços** utilizam os dados e informações e os modelos estatísticos para a customização dos serviços oferecidos para os clientes.

As maiores empresas do segmento da educação usam plataformas customizadas para o ensino remoto.

As notas da maturidade digital do setor de saúde, educação e serviços são baixas, porque tanto existe uma grande resistência para adotar os modelos inteligentes de análise estatística, quanto existem políticas frágeis para atrair e reter talentos, quanto inexistem políticas para tomar decisões com base na análise analítica dos dados e informações.

Conclusões

Análise de dados

As organizações precisam desenvolver uma estrutura ágil com baixo nível de hierarquia e internalizar tanto a organização de tecnologia, como a análise analítica dos dados e informações.

Não é obrigatório que as empresas tradicionais passem pela mesma sequência de digitalização do negócio das empresas digitais.

Não existe um caminho ideal para a transformação digital do modelo de negócio, por isso as empresas tradicionais podem pular alguns passos no seu processo de digitalização.

A resiliência das empresas tradicionais entrou em campo e a realidade mostrou que elas são capazes de competir com os novos entrantes digitais e superar os desafios dos choques exógenos das tecnologias disruptivas.

Não existe uma única resposta para as seguintes perguntas sobre a transformação digital do modelo de negócio de uma empresa:

- Em qual grau a organização deve fazer a digitalização do seu negócio?
- Qual é o impacto das diferentes estratégias da transformação digital no desempenho da empresa?

As respostas para estas perguntas exigem uma análise das influências contextuais da digitalização em relação ao ambiente interno (tamanho, idade, composição da diretoria etc.) e ambiente externo (intensidade da concorrência, produtos contra serviços, intensidade tecnológica etc.).

Para entender o impacto da transformação digital no desempenho do negócio é preciso avaliar os recursos digitais disponíveis.

Os ativos materiais e imateriais são importantes para endereçar as necessidades do processo de digitalização, por isso as seguintes perguntas devem ser respondidas:

- Como os recursos digitais podem ser desenvolvidos por uma empresa?
- Qual é o impacto relativo de cada recurso material e imaterial no sucesso da transformação digital?
- Em quais ativos materiais e imateriais e capacidades a empresa têm que investir?
- Como fica a capacidade da análise analítica se o foco da empresa é a compra de ativos materiais?
- Como fica o desenvolvimento do ecossistema se o foco da empresa é a compra de ativos materiais?
- Até que ponto a agilidade digital e a capacidade da rede digital do ecossistema ajudam na digitalização do negócio?
- A agilidade digital e a capacidade da rede digital do ecossistema são relevantes para uma empresa não digital?
- Se a agilidade digital e a capacidade da rede digital do ecossistema são relevantes para o negócio, como eles podem ser medidos, desenvolvidos e evoluídos?
- Como os recursos materiais e imateriais facilitam a transformação digital?

A estrutura organizacional da transformação digital é um tema de elevada importância.

A transformação digital do modelo de negócio tem várias implicações importantes para a estrutura da organização.

Para identificar a forma ideal da estrutura organizacional que permita o sucesso na execução das estratégias da transformação digital é preciso responder as seguintes perguntas:

- Qual estrutura organizacional melhora a agilidade da tomada de decisões das empresas?
- Quais estruturas organizacionais são mais eficazes para a digitalização do negócio?
- As empresas que fizeram a transformação digital do seu modelo de negócio são flexíveis e auto-organizadas?
- As equipes auto-organizadas têm autonomia na tomada de decisões?
- Como as organizações holocráticas usam as células flexíveis compostas por funcionários com funções e responsabilidades específicas? (por exemplo, experiência dos usuários, segurança digital e desenvolvimento de novas ideias).

Para definir uma estratégia de crescimento robusta é preciso responder as seguintes perguntas:

- Qual é o roteiro ideal para o ambiente de crescimento da plataforma?
- A plataforma deve expandir a sua operação em primeiro lugar na horizontal (base de usuários) ou na vertical (oferta de produtos e serviços) ou deve expandir simultaneamente na horizontal e vertical?
- A plataforma deve buscar a diversificação de mercados (novos mercados para aumentar a sua rede) ou ela deve se especializar para ser competitiva no seu mercado alvo?
- Quais características da plataforma e do mercado explicam as diferenças de desempenho das empresas que adotaram estratégias diferentes de crescimento?
- Quais as estratégias de crescimento que as empresas devem escolher?
- Como as empresas tradicionais podem alcançar os números de crescimento das empresas digitais?

- Algumas empresas tradicionais foram bem-sucedidas na implantação das tecnologias digitais. No entanto, os casos de negócios digitais bem-sucedidos são raros nestas firmas. É muito importante identificar os fatores que explicam os fracassos. Até que ponto os líderes da transformação digital são mais capazes para identificar, selecionar e executar projetos do que os líderes das empresas tradicionais?
- O sucesso na implantação das tecnologias digitais depende de quais fatores?

Para definir uma estratégia para as métricas é preciso responder as seguintes perguntas:

- Quais conjuntos de métricas baseadas em resultados, as empresas devem usar para medir a criação de valor e o desempenho do negócio durante as várias estratégias da transformação digital?
- Como as empresas usam e valorizam as métricas nas várias estratégias da transformação digital?
- Como a transformação digital impacta o uso e a utilidade das métricas de desempenho?
- Como as métricas específicas afetam a operação das empresas digitais?
- Como as métricas específicas ajudam na tomada de decisões estratégicas das empresas digitais?
- Como as plataformas digitais que dependem da colaboração e do compartilhamento dos usuários desenvolveram métricas relevantes para capturar o sentimento e o engajamento dos usuários?

A transformação digital será uma área relevante e multidisciplinar nos próximos anos, por causa do avanço robusto das tecnologias digitais.

Anexo I

Perguntas sem resposta única
Estratégias da transformação digital

- Como as empresas devem conduzir as múltiplas estratégias da transformação digital?
- Como medir os resultados das estratégias da transformação digital?
- Qual o nível de resiliência das empresas tradicionais em relação aos concorrentes digitais?
- Qual o nível de resiliência das empresas tradicionais em relação às mudanças digitais?
- Qual o limite para a transformação digital do modelo de negócio de uma empresa?
- Qual é o impacto da transformação digital na lucratividade do negócio?
- Quais são as variáveis da firma e do mercado que definem a relação entre a transformação digital e a lucratividade?

Recursos digitais

- Como as empresas podem desenvolver recursos materiais e imateriais específicos?
- Qual é o impacto relativo dos ativos materiais e imateriais e das capacidades e habilidades na transformação digital e na lucratividade?
- Quais são as capacidades de rede necessárias para a transformação digital do modelo de negócio?
- Como as empresas podem desenvolver estas capacidades?
- Como os recursos materiais e imateriais facilitam a transformação digital?

Estrutura da organização

- Quais estruturas organizacionais melhoram a agilidade das decisões nas empresas?
- Quais estruturas organizacionais são mais eficazes para a transformação digital?
- Como equilibrar a agilidade com a necessidade de controle e eficiência?
- Como construir equipes auto-organizadas para a transformação digital?
- Como as empresas digitais podem se beneficiar das novas estruturas organizacionais e dos novos estilos de gestão?

Estratégias de crescimento

- Qual deve ser a estratégia de diversificação de uma plataforma digital?
- O que está catapultando o sucesso das estratégias de crescimento digital?
- Quais estratégias de crescimento devem ser utilizadas pelas empresas tradicionais que digitalizaram o seu negócio?

Métricas

- Quais métricas são necessárias para cada estratégia da transformação digital?
- Como as empresas usam e valorizam as métricas evolvidas nas diferentes estratégias da transformação digital?
- Quais métricas são importantes para as plataformas digitais, dada a crescente dependência das redes digitais e dos ecossistemas?

Referências

https://economia.uol.com.br/noticias/redacao/2021/11/19/extra-comeca-liquidacao-de-produtos-para-fechar-hipermercados.htm, Extra faz liquidação para fechar hipermercados; descontos chegam a 50%, acessado em 30/12/2021.

https://vejasp.abril.com.br/cidades/grupo-pao-acucar-vende-extra-hiper--assai/, Grupo Pão de Açúcar vende marca Extra Hiper e sai do segmento de hipermercados, acessado em 30/12/2021.

https://www1.folha.uol.com.br/mercado/2021/12/mercado--de-galpoes-logisticos-bate-recordes-puxado-pelo-avanco-do--ecommerce.shtml?utm_source=mail&utm_medium=social&utm_campaign=compmail, Mercado de galpões logísticos bate recordes puxado pelo avanço do ecommerce, acessado em 30/12/2021.

https://www.uol.com.br/nossa/noticias/agencia-estado/2021/12/07/maksoud-plaza-hotel-icone-de-sp-fecha-as-portas-nesta-terca-feira.htm, Maksoud Plaza, hotel ícone de SP, fecha as portas nesta terça-feira, acessado em 30/12/2021.

https://www1.folha.uol.com.br/colunas/painelsa/2021/12/mais--uma-rede-americana-de-farmacias-anuncia-fechamento-de-lojas--em-serie.shtml?utm_source=mail&utm_medium=social&utm_campaign=compmail&origin=folha, Mais uma rede americana de farmácias anuncia fechamento de lojas em série. acessado em 30/12/2021.

https://mercadoeconsumo.com.br/2021/10/25/evino-compra-grand-cru--e-quer-se-tornar-maior-varejista-de-vinhos-importados-do-pais/, Evino compra Grand Cru e quer se tornar maior varejista de vinhos importados do País, acessado em 30/12/2021.

https://economia.uol.com.br/noticias/estadao-conteudo/2021/08/03/petz-compra-plataforma-zee-dog.htm, Petz anuncia compra da plataforma Zee Dog por R$ 715 milhões, acessado em 30/12/2021.

https://www.moneytimes.com.br/quality-compra-acct-empresa-de-software-voltada-para-e-commerce-por-ate-r-66-milhoes/, Quality compra ACCT, empresa de software voltada para e-commerce, por até R$ 66 milhões, acessado em 30/12/2021.

https://www.jornaldocomercio.com/_conteudo/2017/12/economia/600548-mercado-livre-compra-empresa-de-software-para-e-commerce-por-r-36-5-milhoes.html, Mercado Livre compra empresa de software para e-commerce por R$ 36,5 milhões, acessado em 30/12/2021.

https://www.terra.com.br/noticias/tecnologia/inovacao/unicornio-hotmart-compra-empresa-de-logistica-beuni-por-r-7-milhoes,84e443cc297ce3defda029d4d88b789esd5cgota.html, 'Unicórnio' Hotmart compra empresa de logística BeUni por R$ 7 milhões, acessado em 30/12/2021.

https://www1.folha.uol.com.br/mercado/2021/11/conta-de-luz-cara-ajuda-huawei-em-negociacao-com-teles-vencedoras-do-leilao-do-5g.shtml?origin=folha, Conta de luz cara ajuda Huawei em negociação com teles vencedoras do leilão do 5G, acessado em 30/12/2021.

https://economia.uol.com.br/noticias/redacao/2021/08/06/lucro-liquido-dos-bancos-bate-recorde.htm, Lucro dos 4 maiores bancos sobe 90% em um ano e é o 3º maior da história, acessado em 30/12/2021.

https://www1.folha.uol.com.br/mercado/2022/02/bradesco-registra-lucro-recorde-de-r-262-bilhoes-em-2021-alta-de-35.shtml?utm_source=mail&utm_medium=social&utm_campaign=compmail&origin=folha, Bradesco registra lucro recorde de R$ 26,2 bilhões em 2021, alta de 35% acessado em 09/02/2022.

https://www1.folha.uol.com.br/mercado/2022/02/lucro-do-itau-soma-r-268-bilhoes-em-2021-alta-de-45.shtml?utm_source=mail&utm_medium=social&utm_campaign=compmail&origin=folha, Lucro do Itaú soma R$ 26,8 bilhões em 2021, alta de 45%, acessado em 11/02/2022.

https://www1.folha.uol.com.br/mercado/2022/02/bb-tem-lucro-recorde-de-r-21-bilhoes-em-2021-alta-de-514.shtml?utm_source=mail&utm_medium=social&utm_campaign=compmail&origin=folha, BB tem lucro recorde de R$ 21 bilhões em 2021, alta de 51,4%, acessado em 15/02/2022.

https://www1.folha.uol.com.br/mercado/2022/02/lucro-dos-grandes--bancos-alcanca-r-816-bilhoes-em-2021.shtml?utm_source=mail&utm_medium=social&utm_campaign=compmail&origin=folha,Lucro dos grandes bancos alcança R$ 81,6 bilhões em 2021, acessado em 16/02/2022.

Referências Bibliográficas

Amit, R., & Zott, C. (2001). Value creation in e-business. Strategic Management Journal, 22(6–7), 493–520.

Anderson, C. L., & Agarwal, R. (2011). The digitization of healthcare: Boundary risks, emotion, and consumer willingness to disclose personal health Information, Information Systems Research, 22(3), 469–490.

Aubert-Tarby, C., Escobar, O. R., & Rayna, T. (2016). The impact of technological change on employment: The case of press digitisation. Technological Forecasting and Social Change, 128(October 2017), 36–45.

Chen, H., Chiang, R. H., & Storey, V. C. (2012). Business intelligence and analytics: From big data to big impact. MIS Quarterly, 36(4), 1165–1188.

Dong, J. Q., & Wu, W. (2015). Business value of social media technologies: Evidence from online user innovation communities. Journal of Strategic Information Systems, 24(2), 113–127.

Eisenmann, T. R., Parker, G., & Van Alstyne, M. W. (2006). Strategies for two sided markets. Harvard Business Review, 84, 92–101.

Hansen, A. M., Kraemmergaard, P., & Mathiassen, L. (2011). Rapid adaption in digital transformation: A participatory process for enaging IS and business leaders. MIS Quarterly Executive, 10(4), 175–186.

Johnson, D. S., & Bharadwaj, S. (2005). Digitization of selling activity and sales force performance: An empirical investigation. Journal of the Academy of Marketing Science, 33(1), 3–18.

Katsikeas, C. S., Morgan, N. A., Leonidou, L. C., & Hult, G. T. M. (2016). Assessing performance outcomes in marketing. Journal of Marketing, 80(2), 1–20.

Lai, K. H., Wong, C. W. Y., & Cheng, T. C. E. (2010). Bundling digitized logistics activities and its performance implications. Industrial Marketing Management, 39(2), 273–286.

Liu, D. Y., Chen, S. W., & Chou, T. C. (2011). Resource fit in digital transformation – Lessons learned from the CBC bank global e-banking project. Management Decision, 49(10), 1728–1742.

McGrath, R. G. (2010). Business models: A discovery driven approach. Long Range Planning, 43(2–3), 247–261.

Plomp, M. G. A., & Batenburg, R. S. (2010). Measuring chain digitisation maturity: Na assessment of Dutch retail branches. Supply Chain Management: An International Journal, 15(3), 227–237.

Saarikko, T., Westergren, U. H., & Blomquist, T. (2017). The internet of things: Are you ready for what's coming? Business Horizons, 60(5), 667–676.

Sebastian, I. M., Ross, J. W., Beath, C., Mocker, M., Moloney, K. G., & Fonstad, N. O. (2017). How big old companies navigate digital transformation. MIS Quarterly Executive, 16(3), 197–213.

Takeuchi, H., & Nonaka, I. (1986). The new product development game. Harvard Business Review, 64(1), 137–146.

Tallon, P. P., & Pinsonneault, A. (2011). Competing perspectives on the link between strategic information technology alignment and organizational agility: Insights from a mediation model. MIS Quarterly, 35(2), 463–486.

Tan, C. W., & Pan, S. L. (2003). Managing e-transformation in the public sector: An egovernment study of the inland revenue authority of Singapore (IRAS). European Journal of Information Systems, 12(4), 269–281.

Parte 3:

Transformação Digital Estudo de Caso

Prefácio

A pandemia do novo coronavírus foi um evento que mudou radicalmente as nossas vidas.

As empresas mudaram as suas operações e o trabalho em casa foi largamente adotado.

Praticamente todos que estão trabalhando remotamente usam algum tipo de tecnologia digital.

É possível dizer que as atividades e modelos de negócios passaram por alguma forma de transformação digital por cauda da pandemia da COVID-19.

As empresas foram fortemente afetadas pelas mudanças, e por isso é preciso identificar como a transformação digital causada pela pandemia mudou o modelo de negócio das empresas.

O estudo de caso detalhado na Transformação Digital: Estudo de caso analisou as atividades básicas e os elementos do modelo de negócio de uma empresa antes e durante a pandemia.

Foi desenvolvido um conjunto balanceado de indicadores de performance para medir o desempenho das atividades e dos elementos identificados no modelo de negócio do banco.

As conclusões do estudo de caso são ferramentais extremamente úteis para as empresas que estão considerando a sua digitalização.

Introdução

O início do ano de 2020 foi fortemente marcado pela pandemia do novo coronavírus.

A doença respiratória se espalhou pelo mundo inteiro e a sociedade teve que adotar as práticas de isolamento social e reduziu por um longo período diversas atividades econômicas e de convívio social.

Muitos países adotaram políticas severas de restrições sociais e fechamentos do varejo presencial.

Diversas atividades de negócios em vários setores da economia foram suspensas e milhões de trabalhadores perderam os seus empregos.

O surto da COVID-19 causou mudanças significativas na forma como as empresas operavam.

Elas repensaram os principais elementos dos seus processos de negócio e usaram a tecnologia para realizar as suas operações.

As empresas redefiniram o formato e o papel dos seus escritórios físicos para criar um ambiente de trabalho agradável, seguro e produtivo.

O formato do local de trabalho, após a pandemia, ainda não é conhecido (o livro foi escrito durante a pandemia), no entanto, é possível afirmar que ele será mais inclusivo e avançado em relação às necessidades dos funcionários e empresas.

A estratégia digital apoiando o trabalho remoto é um componente essencial do novo local de trabalho.

Diversas mudanças já são visíveis em várias atividades dos processos internos das empresas.

Por exemplo, a gestão de talentos é um processo que visa atrair os talentos e desenvolver as suas habilidades e conhecimentos para melhorar constantemente o desempenho da organização.

As empresas contrataram durante a pandemia do novo coronavírus mentores online para fazer o trabalho de acompanhamento dos talentos contratados.

Os estudos sobre os efeitos do trabalho realizado nas instalações do empregador e remotamente existem desde o século XX.

O autor Allan Toffler previu a transferência do trabalho para as casas dos funcionários, pelo uso da Tecnologia de Informações e Comunicações (TIC).

Na década de 1990, as empresas como a Yahoo trabalharam a ideia do home office usando os recursos de TIC.

O teletrabalho usava na época os computadores pessoais e os telefones fixos para eliminar a perda de horas produtivas.

O deslocamento entre a casa do funcionário e o escritório era fortemente impactado pelo trânsito intenso das grandes cidades.

Este modelo pode ser considerado como a primeira geração de teletrabalho.

Os notebooks e dispositivos móveis habilitaram a segunda geração do home office (trabalho móvel em diferentes lugares da casa ou escritório).

A Internet e as novas tecnologias de smartphones, tablets etc. permitiram a criação de dispositivos menores e mais baratos e possibilitou que os funcionários ficassem conectados com os seus colegas em qualquer momento ou lugar.

O trabalho remoto é uma das formas do trabalho flexível, pois ele é realizado pelos funcionários assalariados fora do ambiente de escritório tradicional.

Os funcionários assalariados remotos trabalham em casa em tempo integral ou meio período.

O trabalho flexível é um tipo de serviço em que os funcionários trabalham alguns dias ou períodos em casa (por exemplo, duas vezes por semana).

Outro modelo de emprego flexível são os remotos temporários que não são assalariados. Eles recebem por atividade realizada.

Um remoto temporário é um empreendedor que fornece algum tipo de serviço.

O trabalho remoto pode ser vantajoso tanto para empregadores quanto para empregados por diversas razões.

Para os funcionários, o trabalho remoto pode melhorar o equilíbrio entre o trabalho e a vida pessoal pela eliminação do tempo gasto no deslocamento para o escritório.

Como consequência da eliminação das perdas de tempo nos deslocamentos, o trabalho remoto reduz o volume de tráfego e congestionamento nas cidades, o nível de poluição, o consumo de energia dos escritórios, os desperdícios de energia, alimentos, infraestrutura, recursos digitais etc. nos escritórios e os gastos com gasolina, diesel, álcool etc.

As otimizações proporcionadas pelo trabalho remoto geraram novos empregos na sociedade e criaram as condições para atrair ou reter os talentos mais qualificados.

Para os empregadores, o trabalho remoto reduziu os custos de energia elétrica, aquecimento, resfriamento, manutenção predial, segurança etc.

Os custos associados com a infraestrutura no edifício em que a empresa realiza as suas atividades empresariais foram reduzidos com o trabalho remoto (imposto predial, aluguel, depreciação, seguro etc.).

O trabalho remoto tem também algumas desvantagens e exige a superação de diversos desafios pelos empregadores e empregados.

É muito importante que exista no trabalho remoto a separação entre a vida pessoal e profissional.

No trabalho remoto, os funcionários podem ser perturbados ou distraídos pelos filhos ou animais de estimação.

A principal desvantagem do trabalho em casa são as distrações causadas pelas tentações do ambiente doméstico que levam ao adiamento das tarefas.

Outra desvantagem é distância social, ou seja, a falta de contato social com os colegas de trabalho.

A terceira desvantagem é a falta de contato do trabalhador com a sua chefia (a falta de contato físico pode dificultar a conquista de promoções profissionais).

Foi revelado que existe o risco do trabalhador remoto ser esquecido em relação aos presenciais nas avaliações de carreira (No trabalho remoto, resultado também é a fórmula para as promoções na empresa, https://www.insper.edu.br/noticias/no-trabalho-remoto-resultado-tambem-e-a-formula-para-as-promocoes-na-empresa/, acessado em 01/04/2022).

A quarta desvantagem está relacionada com as pessoas que moram com os seus pais.

Muitos jovens preferem o trabalho presencial para não ter que ficar o dia todo com os seus pais.

Este raciocínio também vale para jovens que moram com familiares, cônjuges, colegas de quarto etc.

O trabalho em casa foi em 2020 um fenômeno bastante significativo e a sua importância cresceu exponencialmente durante a pandemia.

Antes da pandemia, apenas 3% dos trabalhadores assalariados brasileiros trabalhavam remotamente.

Durante a pandemia, aproximadamente 11% dos funcionários assalariados das empresas brasileiras estavam trabalhando em casa.

O crescimento do trabalho remoto foi bastante intenso em alguns países durante o ano de 2020, pois uma parte significativa da mão de obra trabalhou remotamente nos Estados Unidos, Europa e Ásia.

Muitos funcionários em todo o mundo realizaram o seu trabalho no modelo de home office por causa da pandemia da COVID-19.

Depois do início da pandemia, o trabalho em casa está sendo o novo normal para milhões de empregados na União Europeia e em todo o mundo.

A elevada taxa de vacância nos prédios empresariais revelou que a transformação das relações de trabalho pelo trabalho remoto veio para ficar (Vila Olímpia e Avenida Berrini vivem ‹morte anunciada› com vazio após pandemia, https://www1.folha.uol.com.br/cotidiano/2022/03/vila-olimpia-e-avenida-berrini-vivem-morte-anunciada-com-vazio-

-apos-pandemia.shtml?utm_source=mail&utm_medium=social&utm_campaign=compmail&origin=folha, acessado em 01/04/2022).

A necessidade de trabalhar em casa foi o principal fator para a transformação digital ocorrida no ano de 2020.

As mudanças no ambiente de trabalho das empresas avançaram com uma velocidade sem precedentes após o início da pandemia.

O sistema clássico de fazer negócios sofreu uma disrupção gerada pelo desenvolvimento das tecnologias digitais e muitas empresas responderam as necessidades dos clientes digitalizando a sua operação.

Os novos processos de negócios mudaram o modelo de negócio das empresas.

Diversos pesquisadores afirmam que a interconexão entre dois ou mais métodos de gestão é capaz de revelar as mudanças ocorridas no modelo de negócio da empresa pelas tecnologias digitais.

As mudanças causadas pela transformação digital como resultado da pandemia devem ser analisadas levando em conta os métodos usados na gestão estratégica das empresas.

Digitalização

A digitalização é o processo de conversão de dados analógicos para a forma digital.

A conversão analógico-digital da primeira fase da digitalização exige a existência de um processo analógico e ela consiste na transformação digital da operação sem a introdução de mudanças no processo.

Praticamente 100% da capacidade mundial de armazenamento de informações foi digitalizada durante a pandemia.

Isto significa que os dados fazem parte dos processos de negócios e são processados através de tecnologias digitais avançadas.

Os dados digitais geraram mudanças fundamentais nos processos de negócio.

As mudanças estruturais nos processos de negócio ocorrem na segunda e terceira fases da digitalização.

O uso das tecnologias digitais muda o modelo de negócio e permite a exploração das novas oportunidades e criação de valor agregado.

O processo da digitalização de um modelo de negócio transforma um negócio tradicional em um modelo que usa intensamente as tecnologias digitais para aumentar a lucratividade do empreendimento.

O ciclo de digitalização de um modelo de negócio passa necessariamente por três fases diferentes.

Na primeira fase, as operações individuais ou os processos são automatizados.

Na segunda fase, os processos automatizados são paulatinamente integrados e são revistos sob a ótica da necessidade do cliente.

Na terceira fase, os vários sistemas que suportam os negócios, os processos e os fluxos de informações são otimizados conforme o seu impacto na operação do negócio e são integrados com o sistema gerenciamento da empresa.

A digitalização afeta a operação empresarial, pois ela impacta de forma direta várias atividades corporativas.

A digitalização de alguns processos não significa que ocorreu a transformação digital do modelo de negócio da empresa.

A transformação digital de uma empresa exige a execução de um portfólio de projetos.

O portfólio dos projetos de digitalização faz a integração digital dos processos de todas as áreas do negócio.

Neste caso, os processos existentes são melhorados e novos processos e modelos de negócio são criados para gerar maior valor para os clientes (por exemplo, a adoção do modelo "como um serviço").

As mudanças são realizadas pela criação de novos modelos de negócio que definem a forma como a organização vai entregar valor para os seus clientes.

A transformação digital é em outras palavras, uma transformação estratégica do negócio.

O foco da digitalização é a necessidade dos clientes, por isso a transformação digital exige a realização de mudanças organizacionais e culturais.

As mudanças na estrutura da organização exigem a integração das pessoas com as tecnologias digitais (sistema sociotécnico).

A integração das tecnologias digitais com os sistemas sociais é um dos passos da evolução da forma como os negócios são realizados.

A criação de um sistema sociotécnico gera uma rede social com potencial de performance muito maior do que as redes sociais criadas sem tecnologias digitais.

A transformação digital de um modelo de negócio é a digitalização das informações, dos processos, das funções que compõem as operações e da estratégia da empresa.

A digitalização ocorre na perspectiva da tecnologia e a transformação digital ocorre na perspectiva do cliente.

O foco no cliente pode ser resumido como centrado na necessidade e sucesso do cliente.

Em outras palavras, ocorre uma adaptação tanto da estratégia do negócio, quanto da configuração operacional do empreendimento, quanto do ambiente tecnológico da empresa.

O resultado da transformação digital de um modelo de negócio de uma organização é medido através de um conjunto balanceado de indicadores de performance.

A importância e a forma de uso dos indicadores de performance são diferentes nas diferentes fases da transformação digital.

As mudanças organizacionais causadas pela transformação digital têm como meta levar a empresa para um patamar melhor de desempenho.

As mudanças culturais aumentam a agilidade e inteligência da organização na forma de fazer negócios.

O uso de tecnologias como as ferramentas inteligentes de análise analítica tem como meta o aumento da lucratividade do negócio.

As organizações transformadas digitalmente contribuem com uma grande parcela do PIB (Produto Interno Bruto) mundial.

Foi muito rápida a adaptação das pessoas em relação às mudanças causadas pela transformação digital durante a pandemia.

No longo prazo, o uso de tecnologias digitais por cidadãos do Brasil será bastante intenso.

A proporção de pessoas que sabem como usar as soluções digitais com algumas dificuldades não aumentou com a transformação digital durante a pandemia.

A quantidade de brasileiros que estão trabalhando com as tecnologias digitais cresceu significantemente durante a pandemia do novo coronavírus.

O artigo "Pandemia acelera oferta de serviços públicos digitais, que já passam dos 3.400; veja exemplos (https://www1.folha.uol.com.br/mercado/2022/01/pandemia-acelera-oferta-de-servicos-publicos-digitais-que-ja-passam-dos-3400-veja-exemplos.shtml?utm_source=mail&utm_medium=social&utm_campaign=compmail&origin=folha, acessado em 01/04/2022) revelou que a plataforma do governo federal saltou de 1,8 milhão de usuários cadastrados em janeiro de 2019 para 117 milhões em 2022.

A evolução do governo digital brasileiro é o resultado da pressão da sociedade por recursos digitais.

O governo digital leva a experiência do usuário (neste caso o cidadão pessoa física e jurídica) para o mesmo patamar de qualidade em qualquer cidade brasileira.

As desigualdades geradas pelas diferentes qualidades dos serviços públicos são eliminadas com a digitalização.

No entanto, no cenário pós-digitalização, as desigualdades causadas pela baixa performance e elevado custo da internet afetarão a qualidade e capilaridade dos serviços públicos (Internet precária cria fosso de acesso à Justiça para população vulnerável, https://www1.folha.uol.com.br/poder/2022/03/internet-precaria-cria-fosso-de-acesso-a-justica-para-populacao-vulneravel.shtml, acessado em 01/04/2022).

Foi revelado que o bairro de Vargem Grande receberá as novas antenas de telefonia (Bairro na periferia da Zona Sul será o primeiro a receber novas antenas de telefonia em SP, https://www1.folha.uol.com.br/colunas/painel/2022/03/bairro-na-periferia-da-zona-sul-sera-o-primeiro-a-receber-novas-antenas-de-telefonia-em-sp.shtml, acessado em 01/04/2022).

Uma grande parte dos empregados das empresas está preocupada sobre como a transformação digital afetará o trabalho deles e se eles têm as habilidades necessárias para esta nova realidade.

O artigo "Automação deve acabar com 34% dos empregos até 2040" (https://canaltech.com.br/carreira/automacao-deve-acabar-com-34-dos-empregos-ate-2040-207264/, acessado em 01/04/2022) revelou que o avanço da automação eliminará diversas vagas de emprego nos próximos anos.

A automação de diversas atividades não impactará o trabalho intelectual realizado pelos empregados.

Por causa do crescimento exponencial da quantidade de informações na internet e da crescente dependência das empresas e pessoas em relação às informações corretas, as habilidades intelectuais dos funcionários de análise analítica das informações e dados serão um recurso vital para as firmas.

A transformação digital está sendo feita de forma paulatina pelas organizações e governos, pois a força de trabalho humano está sendo aperfeiçoada em paralelo com a introdução das novas tecnologias.

A modernização no ambiente de trabalho, a progressão na carreira profissional e as mudanças nas atividades realizadas são as três principais razões da necessidade de adaptação dos funcionários.

As soluções, plataformas e infraestruturas digitais transformaram significativamente a inovação e o empreendedorismo.

As soluções digitais em conjunto com as informações e dados geraram mais capacidade de processamento, comunicação e conectividade para as empresas.

Os sistemas digitais habilitaram novas formas de colaboração entre a empresa e a comunidade.

A pandemia da COVID-19 mudou significativamente o sistema sociotécnico e os caminhos operacionais das organizações.

Durante a pandemia, as pessoas trabalharam de forma remota usando as soluções digitais.

As tecnologias permitiram a continuidade da realização das atividades do trabalho durante as rigorosas e restritivas ações de isolamento social.

As soluções digitais ajudaram na mitigação das consequências econômicas da pandemia na sociedade.

Muitas empresas usaram as soluções digitais para superar as restrições do distanciamento social e adaptaram as tecnologias para facilitar o trabalho para os funcionários.

Eles permitiram a interação dos funcionários com os superiores, colegas de trabalho, amigos, família etc.

A transformação digital é uma mudança de diversos paradigmas empresariais e sociais.

Ela fortalece a maneira de fazer negócios pelas empresas e o nível de competitividade das corporações (a competitividade é derivada do relacionamento da empresa com os clientes).

Durante a pandemia, a questão chave em todos os setores da economia não foi se a interrupção do ambiente presencial ocorreria.O debate foi centrado em quando e como a interrupção do ambiente presencial ocorreria.

A transformação digital é uma oportunidade de crescimento, ela não é uma ameaça para o negócio.

O foco nas necessidades e no sucesso do cliente elimina algumas distorções no mercado de trabalho.

Por exemplo, quando um cliente elogia a atuação de um funcionário, o empregador pode entender que o seu colaborador entregou para o cliente uma parte do lucro do negócio.

É uma visão de curto prazo que ignora quanto foi gasto para conquistar o cliente e quanto o cliente irá comprar nos próximos anos.

A digitalização permite a indexação dos registros e saber se o estratagema usado pelo funcionário foi uma entrega de uma parte do lucro da empresa ou a realização de vários lucros em diversos negócios.

As principais motivações para a adoção de uma tecnologia digital estão relacionadas com os seguintes aspectos do ambiente de negócio:

- Aumento da base de clientes
- Redução dos custos
- Aumento do nível de satisfação dos clientes
- Melhoria da qualidade dos produtos e serviços
- Prazo de desenvolvimento de novos produtos e serviços.

Diversas organizações criaram um centro de excelência do conhecimento ou escritório de projetos para orquestrar o portfólio de projetos da transformação digital.

Mais de 30% das instituições financeiras têm uma equipe especializada na transformação digital.

Cerca de 20% ainda não tem, mas estão trabalhando no desenvolvimento de um centro de excelência do conhecimento.

O setor de serviços financeiros é muito competitivo e os clientes são exigentes, por isso a tecnologia é uma ferramenta que oferece personalização e flexibilidade.

Em outras palavras, os recursos digitais criam facilidades para a manutenção da competitividade das tarifas dos serviços bancários.

A pandemia começou em 2020 e ela afetou de várias formas as esferas da nossa vida cotidiana.

A transformação digital como resposta ao isolamento social foi adotada por praticamente todos os setores da economia nacional.

As empresas do segmento financeiro brasileiro eram antes da pandemia grandes usuárias das tecnologias digitais.

As instituições financeiras usaram a sua vasta experiência na adoção de soluções digitais e aceleraram a transformação digital do seu modelo de negócio.

As consequências da pandemia e da transformação digital são facilmente quantificáveis.

É preciso entender as mudanças para escolher um conjunto apropriado e balanceado de indicadores de performance.

As mudanças causadas pela transformação digital no setor financeiro estão relacionadas também com a filosofia do banco sem papel.

Quando os bancos do setor financeiro iniciaram a digitalização das suas operações, os seus objetivos eram:

- Operar sem papel
- Aumentar a sustentabilidade de longo prazo do meio ambiente
- Criar um banco amigável

As mudanças causadas pela pandemia da COVID-19 aceleraram a transformação digital de muitas empresas e estão profundamente relacionadas com as mudanças no modelo de negócio das empresas.

É preciso medir e avaliar a eficácia, eficiência e desempenho do modelo de negócio da empresa.

Em outras palavras é preciso desenvolver um conjunto adequado e balanceado de indicadores de performance para medir os resultados da transformação digital.

Método

O estudo de caso foi feito através de uma pesquisa primária e uma secundária.

As pesquisas foram feitas entre o final do mês de junho e início do mês de dezembro de 2021.

Na pesquisa primária, foram entrevistados os executivos que trabalham na sede de um banco.

Os executivos forneceram informações valiosas sobre o modelo de negócio da instituição financeira.

Foram relatadas para o pesquisador, experiências e sugestões sobre as mudanças ocorridas no modelo de negócio do banco durante a pandemia.

Os entrevistados não autorizaram a divulgação dos seus nomes e todas as informações fornecidas para os pesquisadores foram baseadas em fontes públicas (relatórios do banco para os investidores e acionistas).

Todas as considerações do autor da Transformação Digital: Estudo de caso, foram baseadas nas fontes públicas.

As informações recebidas foram complementadas com as informações obtidas na pesquisa secundária (análise profunda dos relatórios divulgados pelo banco para os investidores e acionistas).

Visão geral das atividades da pesquisa

- Revisão da literatura - Duração 15 dias
- Entrevistas com os executivos do banco – Duração 30 dias
- Análise das informações recebidas – Duração 29 dias
- Análise das fontes públicas – Duração 25 dias
- Criação do quadro do modelo de negócio antes da pandemia – Duração 35 dias
- Criação do quadro do modelo de negócio durante a pandemia – Duração 15 dias

- Resumo e avaliação das mudanças identificadas – Duração 17 dias
- Integração do Balanced Scorecard com quadro do modelo de negócio – Duração de 10 dias

- Criação de um conjunto balanceado de indicadores de performance para cada uma das dimensões do Balanced Scorecard – Duração 8 dias.

O objetivo da Transformação Digital: Estudo de caso é analisar o modelo de negócio do banco antes e durante a pandemia da COVID-19.

A ferramenta de gestão "quadro do modelo de negócio" será utilizada para desvendar o modelo de negócio do banco e em seguida a análise será complementada com um conjunto balanceado de indicadores de performance para medir o resultado das mudanças causadas pela transformação digital impulsionada pela pandemia da COVID-19.

O conjunto balanceado de indicadores de performance será classificado conforme os padrões da ferramenta Balanced Scorecard.

O banco é uma empresa de serviços bancários e financeiros com uma posição forte no mercado mundial.

Sua sede fica em uma das maiores cidades do mundo. A empresa foi fundada no século XX pela fusão de vários grupos bancários.

A empresa é um banco comercial e de investimentos com uma ampla rede de negócios no mundo inteiro.

O banco oferece serviços financeiros para uma grande e crescente base de clientes.

Em 2021, o banco tinha uma rede de mais de 5 mil agências e mais de 90 mil funcionários trabalhavam na instituição.

Os clientes do banco têm acesso aos mercados internacionais e os serviços financeiros estão presentes em mais de 50 países ao redor do mundo.

Mais de 40 milhões de clientes usam diariamente os serviços financeiros do banco.

A visão da instituição financeira é melhorar a experiência do usuário o máximo possível.

O banco está trabalhando em formato de total transparência usando sistemas inteligentes e métodos digitais de pagamento.

Os produtos oferecidos são os tradicionais com algumas inovações, no entanto, o banco mudou, durante a pandemia, a forma como os produtos eram oferecidos para os clientes.

A pesquisa primária foi baseada nas seguintes perguntas:

- Como a pandemia da COVID-19 mudou o modelo de negócio do banco?
- Como o conjunto balanceado de indicares de performance mudou como consequência das alterações no modelo de negócio?
- Como a estrutura do "quadro do modelo de negócio" foi integrada com o Balanced Scorecard para permitir um entendimento mais profundo da operação do banco?

Na Transformação Digital: Estudo de caso, o leitor encontrará as respostas para estas perguntas. A resposta da terceira pergunta é o resultado da interconexão das condições da superfície de contorno de dois métodos de gestão estratégica, amplamente usados no setor financeiro.

A conexão entre os dois modelos foi baseada nas pesquisas de diversos estudiosos do mercado financeiro.

A perspectiva gerada pela interconexão entre o "quadro do modelo de negócio" e o Balanced Scorecard é revolucionária.

A conexão prática das duas estruturas exige o desenvolvimento de um novo conjunto balanceado de indicadores de performance e de alterações no "quadro do modelo de negócio".

No estudo de caso, foi feita uma avaliação qualitativa para o conjunto balanceado de indicadores de performance, porque as informações sobre o "quadro do modelo de negócio" e do "Balanced Scorecard" do banco não foram expressas de forma numérica.

A ampla disponibilidade de informações públicas do banco viabilizou a adoção do método estudo de caso.

A aplicação do conhecimento adquirido em estudos anteriores similares ajudou na avaliação dos resultados alcançados pelo banco com a transformação digital.

Modelo de negócio

Para entender como a transformação digital causada pela pandemia da COVID-19 afetou os processos de negócios, é preciso usar uma ferramenta adequada para fazer a comparação orientada do antes e durante.

O principal objetivo do "quadro do modelo de negócio" é ir além do pensamento focado no produto ou serviço ofertado.

O "quadro do modelo de negócio" ajuda tanto a visualização, quanto o entendimento do funcionamento das principais áreas do negócio.

O modelo representa uma forma visual e organizada da infraestrutura operacional do negócio.

A análise oferecida pelo "quadro do modelo de negócio" é completa e por isso ela vai além do entendimento dos principais recursos e atividades da cadeia de valor da empresa.

O modelo permite o entendimento da proposta de valor do negócio, do relacionamento com clientes, dos canais de comunicação, dos segmentos de clientes, da estrutura de custos e do fluxo de receitas.

A estrutura do "quadro do modelo de negócio" é composta pelos seguintes blocos:

Superbloco "Coisas que custam dinheiro"

- Bloco "Principais parceiros" – Com quem precisamos trabalhar para produzir e entregar a nossa solução?
- Bloco "Principais atividades" – O que nós precisamos fazer para produzir e entregar a nossa solução?
- Bloco "Principais recursos" – Quais recursos temos que acessar para produzir e entregar a nossa solução?

Superbloco "Missão"

- Bloco "Proposta de valor" – Quais problemas nós resolvemos e como resolvemos?

Superbloco "Coisas que geram dinheiro"

- Bloco "Relacionamento com os clientes" – Como nós conversamos com o mercado sobre a nossa solução?
- Bloco "Canais" – Como nós entregamos a nossa solução para os clientes? Onde eles nos encontram?
- Bloco "Segmentos de mercados e de clientes" – Quem precisa da nossa solução? Quantas pessoas precisam da nossa solução agora e no futuro?

Superbloco "Estrutura de custos" – Qual é o custo das nossas principais atividades, dos nossos recursos e dos nossos parceiros?

Superbloco "Fluxo de receitas e modelo de precificação" – Como nós seremos pagos pela solução entregue?

O bloco de negócio é formado pelos superblocos "coisas que geram ou custam dinheiro".

O bloco "Proposta de valor" é o principal bloco do "quadro do modelo de negócio", pois ele representa a missão do negócio (descrição dos produtos e serviços da empresa em termos de: quais problemas são resolvidos, como eles são resolvidos, quando eles são resolvidos, onde eles são resolvidos e o que os clientes ganham com as soluções oferecidas).

A proposta de valor é em outras palavras, a intenção do negócio de uma companhia.

A missão é o cerne da intenção de negócio de qualquer empresa. O pleno entendimento do valor que uma empresa entrega para os seus clientes permite que ela crie um diferencial competitivo em relação aos seus concorrentes.

O bloco "Principais parceiros" representa as entidades que ajudam a empresa na administração do negócio e na minimização dos riscos. Os parceiros são os membros do ecossistema (clientes, fornecedores, coprodutores etc.).

O bloco "Principais atividades" representam as atividades que transformam as ideias em realidade (não são apenas as atividades relacionadas com a produção de bens e serviços).

As três principais atividades de um modelo de negócio são as abordagens para a resolução dos problemas, a comunicação com a rede de relacionamento e o controle de qualidade das entregas.

É essencial o conhecimento das principais atividades realizadas pela empresa, pois, elas permitem o pleno entendimento do valor agregado oferecido para os clientes.

O bloco "Principais recursos" representa os recursos usados pela empresa na realização das suas atividades principais.

Os principais recursos podem ser classificados nos seguintes grandes grupos:

- Recursos físicos, ou seja, edifícios, equipamentos, matéria-prima, energia elétrica, água etc.
- Recursos intelectuais, ou seja, patentes, capacitação, conhecimento, cultura etc.
- Recursos financeiros, ou seja, fluxo de caixa, receitas, capacidade de endividamento etc.
- Recursos humanos, ou seja, colaboradores, parceiros externos, comunidades etc.

As ações para cuidar dos principais parceiros, implementar as principais atividades e garantir os principais recursos consomem uma boa parte do dinheiro das empresas.

O bloco "Relacionamento com os clientes" define como a empresa desenvolve um relacionamento de longo prazo com os clientes.

Empresas com uma grande base de clientes precisam segmentar os clientes atuais ou potenciais em diferentes públicos-alvo.

Cada público-alvo tem necessidades diferentes, portanto, é importante trabalhar com as necessidades de cada grupo e subgrupo de clientes.

O atendimento das necessidades dos clientes gera um bom relacionamento de longo prazo com eles.

A empresa que lidera um ecossistema constrói uma comunidade em torno dos seus produtos ou serviços.

O bloco "Canais" define como o produto ou serviços são divulgados e entregues para os clientes. Os produtos ou serviços são entregues presencialmente para os clientes nas lojas físicas ou no endereço dos clientes ou em lojas franqueadas ou etc.?

É muito importante ter pleno conhecimento da estrutura de entrega dos produtos ou serviços porque os canais de distribuição impactam fortemente a estrutura organizacional da empresa.

O bloco "Segmentos de mercado e de clientes" representa a participação dos clientes de acordo com o valor que eles trazem para a empresa.

A empresa entrega diferentes produtos para os seus clientes, por isso ela diferencia a base de clientes em segmentos ou grupos específicos.

Com base na segmentação, os produtos ou serviços podem ser adaptados de acordo com as necessidades de cada um dos grupos.

O melhor endereçamento das necessidades dos clientes gera um crescimento da sua satisfação que, por sua vez, leva para uma proposta de valor melhor.

O bom relacionamento com os clientes em paralelo com o pleno conhecimento dos segmentos de clientes e com a otimização dos canais de distribuição e comunicação é na pratica a fonte de renda da empresa.

O superbloco "Estrutura de custos" facilita a comunicação e o entendimento da visão geral da saúde financeira da empresa.

As empresas analisam frequentemente os itens mais comuns da sua estrutura de custos e despesas.

Podem existir subcategorias para os custos ou despesas, como por exemplo, despesas fixas e variáveis.

Nas empresas lucrativas, os custos não excedem as receitas, ou seja, eles são permanentemente otimizados.

O superbloco "Fluxo de receitas e modelo de precificação" representa o modelo de receita de uma empresa.

Ele é usado para direcionar a estrutura de custos da empresa.

O superbloco "Fluxo de receita e modelo de precificação" responde as seguintes perguntas:

- Quantos clientes a empresa precisa ter para gerar lucro anual?
- Qual é o valor da receita anual para obter lucro?

A estrutura do Balanced Scorecard permite a determinação do desempenho das atividades de uma empresa (no nosso caso uma empresa que foi digitalizada).

O uso de um conjunto balanceado de indicadores de performance permite a identificação do sucesso ou fracasso da empreitada através de medições simples.

O uso apropriado de uma estrutura multidimensional para medir o desempenho do negócio é capaz de revelar qual foi o benefício gerado pela transformação digital das atividades.

O Balanced Scorecard permite que a empresa entenda quais são os indicadores de performance que devem ser usados para avaliar a evolução dos seus objetivos.

O termo "quadro equilibrado de métricas" vem da ideia de olhar para os indicadores balanceados estratégicos de longo prazo do negócio.

É preciso ir além das tradicionais métricas financeiras para obter uma visão robusta do desempenho de longo prazo da empresa.

O Balanced Scorecard sugere que a organização deve ser analisada a partir de quatro dimensões diferentes.

É preciso desenvolver objetivos, indicadores, metas e iniciativas para cada uma das dimensões (Financeira, Processos Internos, Aprendizagem e Crescimento e Clientes).

Dimensão Financeira

Visualiza o desempenho das finanças da organização e o uso dos recursos. O objetivo da dimensão é identificar as métricas relevantes de alto nível (fluxo de caixa, crescimento das vendas, receita operacional, retorno sobre o patrimônio, ponto de equilíbrio etc.)

Dimensão dos Clientes

Visualiza o desempenho operacional segundo o ponto de vista dos clientes e dos principais influenciadores da empresa. A empresa é projetada para endereçar as necessidades dos consumidores. A dimensão dos clientes identifica as métricas que ajudam no entendimento do que é importante para os clientes e influenciadores (porcentagem de vendas dos novos produtos, entregas dentro do prazo acordado, participação de clientes importantes na receita total, ranqueamento dos clientes importantes etc.).

Dimensão dos Processos Internos

Visualiza a qualidade e eficiência do desempenho interno da empresa. Qualidade e eficiência são características fundamentais para o sucesso de um empreendimento. A dimensão dos Processos Internos identifica as métricas que nos dizem o que devemos trabalhar para alcançar o ciclo de melhoria contínua (tempo de um ciclo de produção, custo marginal unitário, efetividade da operação, introdução de novos produtos etc.).

Dimensão da Aprendizagem e Crescimento

Visualiza os principais fatores que impactam o desempenho de uma empresa (capital humano, infraestrutura, tecnologia, cultura corporativa etc.). A dimensão da Aprendizagem e Crescimento permite o entendimento do que a empresa precisa melhorar para continuar a criar valor e inovar nos processos de negócios. Os principais indicadores são o prazo para desenvolver uma nova geração de produtos, o ciclo de vida para alcançar a maturidade do produto, tempo entre a ideia e o lançamento do produto em relação aos concorrentes etc.

Resultados

Modelo de negócio do banco antes e durante a pandemia da COVID-19

O bloco "Proposta de valor" fica no centro do "quadro do modelo de negócio".

A proposta de valor do banco é muito importante para os clientes, funcionários, acionistas e comunidades.

Para os clientes é importante que o banco suporte tanto as pessoas físicas, quanto as empresas de pequeno e médio porte, quanto as corporações.

Os clientes do sistema financeiro são o pilar de sustentação da economia de uma sociedade, por isso o banco trabalha arduamente para melhorar continuamente a experiência dos seus usuários.

O objetivo estratégico da proposta de valor do banco é fortalecimento da sua posição no mercado brasileiro.

O objetivo tático da proposta de valor do banco é a entrega de soluções para as necessidades dos clientes pela simplificação gerada pela digitalização dos processos internos corporativos.

O banco também está interessado na proteção ambiental e realiza diversas ações para reduzir o impacto das suas atividades operacionais no meio ambiente.

O banco promoveu iniciativas para eliminar o plástico descartável nas suas instalações.

O banco apoia as iniciativas sociais de educação e pesquisa e patrocina eventos de caridade.

Para os funcionários ou potenciais funcionários (candidatos aos empregos) a digitalização dos principais processos de recursos humanos significa comunicação mais rápida.

Para os acionistas, a digitalização da comunicação representa uma oportunidade para participar de um diálogo aberto com a gestão do banco e assim, fazer parte da tomada de decisões.

O banco é uma empresa pública com capital aberto, e tem 100% das suas ações circulando nas bolsas de valores.

Os acionistas do banco são investidores institucionais (varejo, fundos soberanos, fundações etc.) com sede no Brasil, Estados Unidos, Europa, Ásia etc.

Modelo de negócio do banco antes da transformação digital causada pela pandemia da COVID-19.

Principais parceiros

- Reguladores
- Fundos de investimento
- Grupos de investidores
- Empresas de seguros

- Bancos internacionais
- FinTechs

Principais Atividades
- Transações para clientes de alta renda
- Serviços de gerenciamento de riscos
- Gestão de ativos e passivos

Principais recursos
- Filiais
- Credibilidade
- Funcionários
- Recebimentos
- Capital

Proposta de valor
- Suporte para os clientes
- Melhoria contínua da experiência dos usuários
- Proteção ambiental
- Apoio para a pesquisa e educação
- Patrocínio de eventos
- Ações de caridade
- Simplificação dos processos internos para aumentar a velocidade de comunicação com os candidatos e empregados

Relacionamento com clientes
- Melhoria contínua da experiência dos usuários
- Crescimento da segurança física e virtual das transações
- Enfrentamento dos desafios da vida real
- Serviços online

Canais
- Site
- Banco online

- Mídias sociais
- Imprensa e mídia tradicional
- Central de atendimento ao cliente
- Centro de excelência do Conhecimento
- Escritório de projetos

Segmentos de Clientes
- Indivíduos
- Corporações
- Empresas de pequeno e médio porte
- Governos
- Outras instituições financeiras

Estrutura de custos
- Funcionários
- Custos operacionais
- Taxas de regulação

Fluxo de receitas
- Taxas
- Comissões
- Juros sobre os empréstimos
- Retorno sobre o investimento
- Serviços de consultoria
- Prêmios dos seguros
- Negociações no mercado financeiro

Os principais parceiros do banco podem ser categorizados em vários grupos. O primeiro grupo é o controlador (regulador).

O Banco Central de um país supervisiona e regulamenta a atividade bancária das instituições financeiras.

O Banco Central cria, controla e supervisiona as regras do mercado financeiro.

O objetivo deste formato de gerenciamento é assegurar a estabilidade e previsibilidade do mercado financeiro.

O funcionamento sólido e seguro da atividade bancária garante que as regras estabelecidas sejam respeitadas.

A consequência é tanto a criação de vínculos de confiança e credibilidade, quanto o aumento da proteção aos consumidores.

O governo regula o funcionamento dos bancos através de leis, normas, portarias etc., ou seja, ele faz a organização da gestão dos serviços financeiros.

O objetivo da regulação é assegurar o funcionamento seguro do sistema bancário.

O banco tem acordos de cooperação de longo prazo com várias empresas para atender as necessidades de cada um dos seus segmentos de clientes.

O segundo grupo dos principais parceiros do banco é formado pelos investidores, fundos de investimento e companhias de seguro.

Para escolher um parceiro, o banco avalia diversos critérios, por exemplo, ser líder na gestão de ativos, oferecer ampla gama de fundos cobrindo a maioria das classes de ativos, oferecer fundos específicos para segmentos de clientes etc.

Os clientes do banco podem controlar as suas finanças no exterior através das agências localizadas em diversos países.

Foram estabelecidos acordos de colaboração com vários bancos estrangeiros.

Os acordos de cooperação com as FinTechs permitem que os clientes façam pagamentos móveis (Apple Pay, Google Pay etc.) usando cartões de débito e de crédito.

As principais atividades realizadas pelo banco incluem as ações realizadas no setor do varejo e no segmento de clientes de alta renda.

A cooperação com os parceiros estratégicos está cada vez mais focada nos produtos de investimentos e seguros.

O banco está cuidando das carteiras de investimento dos clientes atuais ao mesmo tempo em que conquista novos clientes no segmento de alta renda pela expansão dos seus produtos de investimentos e seguros.

Como parte da sua gestão de riscos, o banco monitora rigorosamente um conjunto balanceado de parâmetros que modelam o seu estratagema de aceitação aos riscos.

O banco gerencia o risco do crédito no nível das transações comerciais individuais e no nível do portfólio das transações comerciais conforme os princípios básicos da sua política de crédito.

O objetivo do gerenciamento é o endereçamento dos parâmetros de risco do crédito definido na estratégia para o ano em questão.

O banco oferece serviços de segurança para reduzir o risco de uma operação, para prevenir vazamentos de informações e para proteger a privacidade dos dados.

O banco monitora frequentemente e reporta para os reguladores o indicador Liquidez de Curto Prazo e o índice Liquidez de Longo Prazo.

A distância correta entre estes indicadores em relação a um patamar mínimo é uma evidência de um nível de liquidez saudável e sustentável.

As atividades do banco com base nas autorizações do Banco Central permitem a oferta dos seguintes produtos e serviços para as pessoas físicas e jurídicas:

- Depósitos reembolsáveis
- Recursos reembolsáveis
- Empréstimos
- Aluguel com opção de compra no final do contrato (leasing financeiro)
- Transferência de dinheiro
- Gestão de fundos
- Garantias bancárias
- Emissões de títulos
- Aconselhamento sobre a estrutura de capital e sobre a estratégia empresarial para as pessoas jurídicas
- Intermediação no mercado financeiro
- Gerenciamento financeiro do portfólio de projetos
- Custódia e administração de títulos
- Classificação de crédito
- Custódia de seguros
- Emissão de dinheiro eletrônico
- Investimentos em ativos

Os principais recursos necessários para realização das principais atividades são classificados em recursos financeiros, intelectuais, humanos e físicos.

A rede do banco é um recurso físico composto por mais de cinco mil agências.

Para maximizar a satisfação dos clientes, o banco está constantemente reconstruindo e modernizando as agências.

Além das agências, a rede de caixas eletrônicos é um dos principais recursos físicos do banco.

O principal recurso intelectual para o banco é o reconhecimento público da sua marca.

O banco pode ser facilmente identificado pelos seus clientes pela sua identidade visual (logotipo corporativo).

Através do seu logotipo, o banco comunica a ideia de que o seu foco está no atendimento das necessidades dos clientes.

O logotipo expressa dinamismo, credibilidade, previsibilidade, abordagem global, força e liderança.

Um dos mais importantes recursos do banco é os seus funcionários, por isso ele promove uma cultura de trabalho ético com respeito, diversidade e inclusão.

O ambiente de trabalho é amigável e existe autorrealização, positividade, reconhecimento e desenvolvimento de carreira.

O banco entende que o equilíbrio entre o trabalho e a vida pessoal é muito importante para o seu time, por isso ele é cuidadoso com o recrutamento, seleção, remuneração, treinamento e desenvolvimento dos funcionários.

O treinamento dos colaboradores é feito na área de conhecimento do profissional e no desenvolvimento das habilidades de comunicação.

A gestão do conhecimento desempenha um papel fundamental na cultura corporativa.

O compartilhamento do conhecimento para todos os funcionários em todos os níveis é o principal recurso intelectual do banco (base de conhecimento centralizada, atualizada, acurada e de fácil acesso).

Os bancos têm basicamente como fontes de financiamento o seu capital e a sua dívida feita via empréstimos.

A dívida é dinheiro que o banco pega emprestado dos seus credores e, portanto, deve ser paga.

Os empréstimos são os depósitos à vista dos clientes e os títulos de dívidas. O capital é o dinheiro recebido dos acionistas e investidores e o lucro das transações.

Na área do relacionamento com os clientes, o banco constantemente melhora a experiência dos usuários e efetividade dos processos internos através da automação e digitalização.

Na era das incertezas em que as mudanças ocorrem sem precedentes, os clientes buscam por empresas confiáveis.

O banco promete para os seus clientes o enfrentamento dos desafios da vida real e por isso ele oferece soluções relevantes, simples e eficientes para as necessidades do dia a dia dos clientes.

O banco também oferece serviços bancários online para os clientes. No final da segunda década do século XXI, a infraestrutura do banco online foi transferida para um ambiente mais moderno e seguro.

O novo ambiente permitiu o desenvolvimento de aplicações de acordo com as tendências atuais de comportamento dos clientes.

Os clientes corporativos podem usar os recursos do banco inteligente e contar com as novas medidas de segurança para os pagamentos.

Os recursos do banco inteligente reduzem os riscos digitais e a inteligência artificial atua na prevenção do vazamento de dados e aumenta a proteção dos clientes nos pagamentos online.

Todos os dados enviados dos formulários do banco são protegidos por uma poderosa tecnologia de criptografia.

A tecnologia garante a transmissão de dados criptografados entre o computador do cliente e os servidores do banco.

A chave de criptografia de segurança do banco foi emitida por uma autoridade de certificação reconhecida mundialmente.

Os canais de comunicação são os pontos de contato que permitem a conexão dos clientes, fornecedores, influenciadores, parceiros etc. com a empresa.

Eles desempenham um papel importante na conscientização dos clientes sobre os produtos ou serviços.

Os canais de comunicação são usados para fornecer aos clientes uma maneira de comprar produtos ou serviços e obter suporte depois das compras.

O banco se comunica com os clientes através do seu site, das agências e da imprensa e mídia.

O banco está ativo nas redes sociais e apresenta notícias para os seus clientes via o YouTube, Tik Tok, Facebook, Instagram, Twitter, Telegram, WhatsApp etc.

Os clientes podem entrar em contato com o banco através da central de atendimento ao cliente.

O Superbloco "Estrutura de custos" do "quadro do modelo de negócio" do banco inclui os custos dos funcionários (salários, gratificações, encargos trabalhistas, impostos, sociais e infraestrutura de atendimento aos empregados).

O banco tem diversas despesas operacionais para realizar as suas atividades (aluguel e manutenção de edifícios, Tecnologia de Informações e Comunicações, publicidade e marketing, energia elétrica, materiais de escritório, auditoria e assessoria, serviços administrativos e logísticos, seguros etc.).

Além dos custos operacionais, o banco tem custos com as taxas regulatórias. As taxas são necessárias para manter as autorizações para realizar as atividades no mercado financeiro.

O fluxo de receitas é a geração de dinheiro pela venda dos produtos ou serviços para os clientes.

No caso do banco, as receitas incluem as taxas e comissões, os juros sobre os empréstimos, o retorno sobre os investimentos, a renda dos aluguéis, os rendimentos dos investimentos imobiliários etc.

O banco recebe dos clientes o pagamento pelos serviços de consultoria.

Os prêmios dos seguros e o rendimento das operações no mercado financeiro também fazem parte das receitas do banco.

Considerando tanto o modelo de negócio do banco antes da transformação digital causada pela pandemia, quanto as informações sobre as mudanças causadas pela digitalização do modelo de negócio temos a seguinte representação das principais mudanças causadas pela digitalização (as mudanças estão destacadas em letra maiúscula).

Modelo de negócio do banco durante a pandemia COVID-19.
Principais parceiros

- Reguladores
- Fundos de investimento
- Grupos de investidores
- Empresas de seguros
- Bancos internacionais
- FinTechs

Principais Atividades

- Transações para clientes de alta renda
- Serviços de gerenciamento de riscos
- Gestão de ativos e passivos

Principais recursos
- Filiais
- Credibilidade
- Funcionários
- Recebimentos
- Capital

Proposta de valor
- Suporte para os clientes
- Melhoria contínua da experiência dos usuários
- Proteção ambiental
- Apoio para a pesquisa e educação
- Patrocínio de eventos
- Ações de caridade
- Simplificação dos processos internos para aumentar a velocidade de

comunicação com os candidatos e empregados

- DIGITALIZAÇÃO DE PRODUTOS E SERVIÇOS
- NOVOS PRODUTOS E ATIVIDADES
- DIGITALIZAÇÃO DE PROCESSOS INTERNOS E ATIVIDADES DE RECURSOS HUMANOS
- TREINAMENTOS À DISTÂNCIA

Relacionamento com clientes

- Melhorar continuamente a experiência dos usuários
- Oferecer segurança física e virtual das transações
- Enfrentamento dos desafios da vida real
- Serviços online
- AUTENTICAÇÃO MAIS FORTE GERANDO MAIS SEGURANÇA PARA O SISTEMA

Canais

- Site
- Banco online
- Mídias sociais
- Imprensa e mídia tradicional
- Central de atendimento ao cliente
- Centro de excelência do Conhecimento
- Escritório de projetos
- APLICAÇÕES MÓVEIS

Segmentos de Clientes

- Indivíduos
- Corporações
- Empresas de pequeno e médio porte
- Governos
- Outras instituições financeiras

Estrutura de custos

- Funcionários
- Custos operacionais
- Taxas de regulação

Fluxo de receitas

- Taxas
- Comissões
- Juros sobre os empréstimos
- Retorno sobre o investimento
- Serviços de consultoria
- Prêmios dos seguros
- Negociações no mercado financeiro

As maiores mudanças no modelo de negócio causadas pela Pandemia da COVID-19 e transformação digital, ocorreram nos blocos "Proposta de valor", "Relacionamento com os clientes" e "Canais".

Durante a pandemia, o banco digitalizou alguns dos seus produtos e serviços e criou produtos e atividades que beneficiaram os clientes.

Por exemplo, as facilidades de aluguel com opção de compra no final do contrato (leasing financeiro) usando a assinatura eletrônica dinâmica e a finalização integrada da transação em tempo real foram disponibilizadas para os clientes.

O banco também digitalizou o processo de solicitação de hipoteca para os clientes e terceiros.

A digitalização dos produtos e serviços não exige a criação de registros físicos e com isso o banco reduz o consumo de papel e contribui para a proteção da natureza e sustentabilidade ambiental de longo prazo.

Por causa dos desafios da saúde durante a pandemia da COVID-19, os funcionários trabalharam em casa e continuaram realizando as atividades de negócios e prestando serviços para os clientes.

O banco forneceu aos seus funcionários laptops, internet e materiais de escritório para eles trabalharem remotamente.

Os funcionários foram treinados remotamente para trabalhar no regime do home office.

Foram ensinadas técnicas e ferramentas para melhorar o desempenho individual e gerenciar o teletrabalho.

Os funcionários receberam um guia com as melhores práticas para trabalhar em casa.

Na gestão dos recursos humanos, o banco usou os *chatbots* para a comunicação com os candidatos potenciais aos empregos.

Durante a pandemia, o banco lançou o aplicativo de banco inteligente móvel para os seus clientes. Usando esse aplicativo, os clientes podem gerenciar todos os aspectos das suas contas bancárias em qualquer lugar sem ter que ir a uma agência física.

O banco introduziu no seu sistema os métodos de pagamento Apple e Google Pay para cartões de débito e crédito.

Os métodos digitais de pagamentos são muito populares entre os clientes e processam milhões de transações por dia.

O banco digitalizou diversos processos internos (aprovação de crédito, sequência de execução dos documentos, elaboração da documentação contratual etc.).

A digitalização dos processos internos reduziu o consumo de papel, espaço físico para o armazenamento dos documentos e gastos da infraestrutura para a guarda dos documentos físicos.

Estas reduções contribuíram para a proteção da natureza e a sustentabilidade de longo prazo do meio ambiente.

O banco ajustou o processo de autenticação das compras via Internet de acordo com as novas diretrizes de pagamentos.

As modernas diretivas de pagamentos estabelecem que dois elementos de autenticação devem ser usados no caso de transações online.

Durante a pandemia, o crescimento exponencial dos golpes digitais aumentou a necessidade de transações mais seguras.

O banco introduziu uma nova tecnologia de segurança para as transações comerciais online.

Os clientes do banco autorizam os pagamentos usando as notificações do aplicativo banco inteligente móvel.

Estrutura do conjunto balanceado de indicadores de performance durante a transformação digital do banco

A digitalização surgiu no banco antes da pandemia. Durante a pandemia da COVID-19, a transformação digital foi intensa nos blocos "Canais", "Proposta de valor" e "Relacionamento com os clientes" do "quadro do modelo de negócio".

O banco utilizou os canais digitais (banco online e mídias sociais) para se conectar com os clientes.

Antes da pandemia, o banco procurou melhorar a experiência dos usuários, o relacionamento com os clientes e a segurança dos serviços online.

Durante a pandemia, algumas áreas do banco implementaram mudanças em relação a digitalização do modelo de negócio.

No bloco "Proposta de valor" do "quadro do modelo de negócio", os progressos foram na direção da simplificação da comunicação com os funcionários ou candidatos aos empregos (uso de chatbots).

O banco digitalizou alguns produtos e serviços para que os clientes não tenham mais a necessidade de visitar uma agência física para realizar as suas transações bancárias.

O banco também introduziu no aplicativo banco inteligente móvel diversas facilidades para dar aos clientes acesso mais rápido aos seus serviços e para aumentar a segurança das pessoas durante a pandemia.

É importante entender o impacto dessas mudanças no modelo de negócio do banco.

O conjunto balanceado de indicadores e performance permite a medição do impacto da digitalização no modelo de negócio.

Para facilitar o entendimento de qual bloco do "quadro do modelo de negócio" está ligado a cada dimensão do Balanced Scorecard, foi elaborado um mapa que revela a conexão entre as duas ferramentas.

Integração das dimensões do Balanced Scorecard com o "quadro do modelo de negócio".

Principais Parceiros

- Dimensão dos Processos Internos

Principais Atividades
- Dimensão dos Processos Internos
- Dimensão da Aprendizagem e Crescimento

Principais Recursos
- Dimensão da Aprendizagem e Crescimento

Proposta de Valor
- Dimensão dos Clientes
- Dimensão dos Processos Internos

Relacionamento com os Clientes
- Dimensão dos Clientes
- Dimensão dos Processos Internos

Canais
- Dimensão dos Processos Internos
- Dimensão dos Clientes

Segmentos de Clientes
- Dimensão dos Clientes

Estrutura de Custos
- Dimensão dos Processos Internos
- Dimensão Financeira
- Dimensão da Aprendizagem e Crescimento

Fluxo de Receitas
- Dimensão dos Processos Internos
- Dimensão Financeira

As metas financeiras estão relacionadas com a rentabilidade e lucratividade do negócio.

Esses objetivos são medidos pela receita operacional ou retorno sobre o capital.

Para endereçar os parâmetros das metas da estratégia financeira é preciso definir o modelo tanto da estrutura de custos, quanto do fluxo de receitas, quanto das metas estratégicas, quanto do conjunto balanceado de indicadores de performance.

Para endereçar as metas estratégicas em relação aos clientes, o banco precisa

identificar as relações atuais com os seus clientes e conhecer a sua segmentação.

A dimensão dos clientes inclui métricas específicas da proposta de valor que o banco entregará para os clientes de cada segmento de mercado.

A dimensão dos Processos Internos exige a identificação dos processos internos críticos que a organização deve trabalhar para entregar uma proposta de valor que atraia e retenha os clientes de cada um dos segmentos de mercado e enderece as expectativas dos acionistas em relação ao retorno financeiro.

As métricas dos processos internos devem focar nos processos que têm maior impacto na satisfação do cliente e na realização das metas financeiras da organização.

Para manter uma vantagem competitiva, é preciso monitorar e introduzir inovações nas principais atividades do "quadro do modelo de negócio".

Também é importante inovar na definição das metas estratégicas do negócio e na monitoração da sua realização.

É muito importante estabelecer um canal de comunicação em que o cliente será informado sobre as atividades, produtos e serviços do banco.

É preciso monitorar frequentemente os canais existentes de comunicação para determinar sua eficácia.

A dimensão da Aprendizagem e Crescimento trabalha com as pessoas, sistemas e procedimentos organizacionais.

Para endereçar os objetivos estratégicos da dimensão da Aprendizagem e Crescimento é preciso definir as principais atividades e recursos.

A comparação do modelo de negócio do banco antes e durante a pandemia da COVID-19, permite afirmar que a transformação digital desempenhou um importante papel na simplificação e otimização dos processos internos do banco.

Muitas partes do modelo de negócio do banco não foram impactadas pela digitalização causada pela pandemia.

A transformação digital é uma tendência que avança na direção do futuro, por isso é preciso ter uma visão geral das mudanças que podem ocorrer em todos os modelos de negócios.

O banco trabalha com a visão de usar as tecnologias tanto para acelerar a transformação do modelo de negócio, quanto para assegurar a sustentabilidade de longo prazo do meio ambiente.

Ética e respeito são os principais valores corporativos do banco. Eles definem a cultura corporativa de todas as agências.

O banco enfatiza a sustentabilidade do negócio guiando a sua atuação no princípio de fazer a «coisa certa».

A visão do banco, ou a estratégia derivada dessa visão, permite a definição das metas.

Em outras palavras, o banco alcançará a sua visão conquistando e endereçando as suas metas.

O conjunto balanceado de indicadores de performance é definido em função das metas propostas.

O conjunto permite a medição objetiva do endereçamento das metas estabelecidas pelo banco.

O monitoramento dos indicadores de performance das metas financeiras permite que o banco calcule a rentabilidade dos produtos e serviços oferecidos em um determinado momento, garanta o crescimento da empresa e assegure a geração de valor para os acionistas.

A análise dos indicadores de performance permite que o banco meça de forma objetiva o nível de sucesso ou fracasso do uso de tecnologias digitais nos seus processos internos ou nas atividades relacionadas com os colaboradores.

Conjunto balanceado de indicadores de performance da dimensão Financeira.

Meta

- Redução dos custos operacionais usando a tecnologia

Indicadores de Performance

- Estrutura de custos operacionais

- Participação dos custos de Tecnologia de Informações e Comunicações no custo total
- Retorno do investimento em Tecnologia de Informações e Comunicações

Meta

- Crescimento da receita pela oferta de novos produtos e serviços digitais.

Indicadores de Performance

- Participação das receitas dos produtos e serviços digitais na receita total.

A pandemia da COVID-19 acelerou a digitalização de alguns dos processos internos do banco.

Para estes processos é possível avaliar os custos que estão associados com eles.

Uma das metas da dimensão Financeira do banco é a redução dos custos operacionais pelo uso de tecnologias digitais.

Uma das despesas que devem ser medidas para a avaliação deste objetivo é o custo operacional associado com a Tecnologia de Informações e Comunicações (custo da manutenção dos serviços digitais, energia elétrica, mão de obra, central de atendimento etc.).

O objetivo financeiro do banco de aumentar a receita pela oferta de novos produtos e serviços digitais, implica na necessidade de medição da rentabilidade do investimento nos produtos e serviços digitais e na transformação digital.

A otimização dos processos internos foi alcançada através dos investimentos realizados nos novos produtos e serviços digitais.

Neste caso, o banco mediu a participação das receitas dos produtos e serviços digitais na receita total.

O conjunto balanceado de indicadores de performance da dimensão dos Clientes ajudou o banco na identificação dos requisitos dos clientes para os novos produtos e serviços.

O banco quer criar uma vantagem competitiva sobre a concorrência através de novos produtos e serviços digitais personalizados.

O banco comparou o desempenho dos novos processos focados no fornecimento de produtos e serviços bancários digitais com os processos antigos.

Conjunto balanceado de indicadores de performance da dimensão dos clientes.

Meta

- Melhoria do nível de disponibilidade da central de atendimento ao cliente

Indicadores de Performance

- Número de downloads do aplicativo banco inteligente móvel
- Número de tokens de autenticação gerados
- Número de tokens de autenticação expirados
- Nível de satisfação do cliente com o aplicativo banco inteligente móvel
- Tempo de resposta do aplicativo
- Nível de participação dos clientes nos canais digitais

Meta

- Atrair novos clientes.

Indicadores de Performance

- Taxa de atração dos clientes
- Nível de satisfação dos clientes com o nível de serviço entregue
- Nível de satisfação dos clientes com os novos produtos e serviços
- Taxa de conquista de novos clientes.

Meta

- Retenção dos clientes atuais.

Indicadores de Performance

- Taxa de retenção dos clientes.

Meta

- Melhorar a interação do banco com os clientes.

Indicadores de Performance

- Índice de Esforço dos Clientes.

Meta

- Aumentar o engajamento dos clientes.

Indicadores de Performance

- Taxa de engajamento dos clientes.

Na dimensão dos clientes, a digitalização permitiu que o banco expandisse a quantidade de canais de comunicação usados para a comunicação com os clientes.

Durante a pandemia, o banco introduziu um novo canal que conecta o banco com os clientes, ou seja, o aplicativo banco inteligente móvel.

O objetivo do banco era melhorar o nível de disponibilidade de atendimento ao cliente. Para tal o banco monitora os seguintes parâmetros:

- Número de downloads do aplicativo banco inteligente móvel
- Número de usuários ativos do aplicativo
- Número de tokens de autenticação gerados ou expirados
- Nível de satisfação do cliente com o tempo de resposta do aplicativo.

O banco usou o modelo KANO (Conheça o modelo de Kano e os 3 atributos essenciais para analisar a satisfação de seus clientes, https://www.siteware.com.br/qualidade/modelo-de-kano/, acessado em 01/04/2022) que trata sobre o que o cliente precisa, o que o cliente deseja e o que encanta o cliente para medir o nível de satisfação dos clientes com o aplicativo banco inteligente móvel.

O modelo enfatiza que existe uma diversidade de requisitos relacionados com a satisfação dos clientes.

O modelo foi usado para determinar o grau de importância de cada um dos requisitos para a satisfação dos clientes.

O modelo KANO é baseado nas duas dimensões principais da qualidade (endereçamento das necessidades e grau de satisfação pelo endereçamento).

O banco monitora permanentemente o nível de participação dos clientes nos canais digitais.

A capacidade de adaptação do banco em relação à tecnologia digital aumentou a sua habilidade de atrair novos clientes.

O banco monitora o nível de atração dos clientes para medir a sua habilidade de atrair novos clientes.

Para medir a qualidade dos serviços entregues, o banco trabalha com os seguintes indicadores de performance:

- Grau de satisfação dos clientes com os níveis de serviços entregues
- Nível de satisfação dos clientes com os novos produtos e serviços
- Taxa de conquista de novos clientes.

O banco precisa reter os clientes existentes, por isto ele monitora a taxa de retenção dos clientes.

A digitalização dos produtos e serviços, a expansão dos canais digitais e a prestação dos serviços de acordo com as necessidades dos clientes são estratagemas usados pelo banco para fidelizar os clientes existentes.

Para melhorar a interação do banco com os clientes, o banco monitora o índice de esforço dos clientes.

Um dos objetivos do banco é aumentar o engajamento dos clientes, por isso ele monitora a taxa de engajamento dos clientes.

Conjunto balanceado de indicadores de performance da dimensão dos Processos Internos.

Meta

- Digitalização dos processos internos.

Indicadores de Performance

- Aumento no número de solicitações de hipotecas por ano aprovadas digitalmente.
- Participação das transações eletrônicas em relação ao total.
- Número de solicitações de crédito aprovadas digitalmente.
- Participação dos documentos processados digitalmente em relação ao total.
- Expectativas dos acionistas.

Meta

- Melhoria da segurança dos processos e atividades.

Indicadores de Performance

- Número de violações de segurança bancária online.
- Número de transações fraudulentas.

Meta

- Simplificação do processo de seleção e recrutamento da mão de obra via digitalização.

Indicadores de Performance

- Número de respostas aos candidatos via chatbot por mês.
- Número de candidatos abordados via chatbot por mês.

Meta

- Introdução de novos produtos e serviços digitais.

Indicadores de Performance

- Quantidade de novos produtos e serviços digitais introduzidos por ano.
- Tempo de lançamento dos novos produtos.

Na dimensão dos Processos Internos, o banco digitalizou os processos internos, simplificou o processo de recrutamento e introduziu novos produtos e serviços digitais.

O banco mede o endereçamento das metas da dimensão dos Processos Internos através dos seguintes indicadores de performance:

- Crescimento do número de solicitações de hipotecas por ano aprovadas digitalmente.
- Participação das transações eletrônicas em relação ao total.
- Quantidade de solicitações de crédito aprovadas digitalmente.
- Participação dos documentos processados digitalmente em relação ao total.

O crescimento do uso do aplicativo do banco inteligente móvel tem consequências boas e ruins.

A consequência ruim é o aumento da quantidade de tentativas de fraude e do uso indevido dos dados dos clientes.

O banco precisa se comunicar frequentemente com os clientes, por isto foi preciso fortalecer a segurança dos dados pessoais e foi criado um canal criptografado para que os clientes comuniquem as fraudes que eles identificaram e recebam informações sobre fraudes e segurança digital.

O banco tem, portanto, o objetivo de melhorar continuamente a segurança digital dos dados dos clientes, dos pagamentos online e das transações realizadas através do aplicativo móvel.

O banco acompanha o endereçamento deste objetivo usando os seguintes indicadores de performance:

- Quantidade de violações da segurança bancária online
- Número de transações fraudulentas.

O banco mede o endereçamento da meta de agilizar o seu processo de recrutamento através dos seguintes indicadores de performance:

- Número de respostas aos candidatos por mês através do chatbot
- Quantidade de candidatos abordados por mês através do chatbot.

A meta de introduzir novos produtos e serviços digitais é medida através dos seguintes indicadores de performance:

- Quantidade de novos produtos e serviços digitais por ano
- Prazo para o lançamento de um novo produto ou serviço.

Conjunto balanceado de indicadores de performance da dimensão de Aprendizagem e Crescimento.

Meta

- Educação continuada remota e requalificação dos funcionários.

Indicadores de Performance

- Quantidade de treinamentos concluídos por funcionário por ano
- Despesas anuais com treinamento dos funcionários.

Meta

- Melhorar a produtividade dos empregados.

Indicadores de Performance

- Lucro por empregado
- Produtividade do trabalho.

Meta

- Modernização dos recursos de Tecnologia de Informações e Comunicações.

Indicadores de Performance

- Aumento do investimento na modernização dos equipamentos de Tecnologia de Informações e Comunicações.

Meta

- Aumentar o capital intelectual digital dos funcionários
- Criar uma força de trabalho digital.

Indicadores de Performance

- Nível de habilidades digitais dos colaboradores
- Integração das habilidades digitais com as não digitais dos funcionários.

Meta

- Redução da taxa de rotatividade dos funcionários.

Indicadores de Performance

- Taxa de rotatividade dos funcionários.

Meta

- Criação de uma cultura corporativa digital e flexível no local de trabalho.

Indicadores de Performance

- Nível de satisfação dos funcionários com as entregas da organização de tecnologia
- Nível de satisfação dos funcionários com as horas de trabalho
- Nível de satisfação dos funcionários com a rotina do trabalho
- Nível de uso das ferramentas de comunicação
- Uso de formas flexíveis de emprego (trabalho remoto, trabalho híbrido etc.)
- Nível de autocontrole e capacidade dos funcionários para organizar o seu dia de trabalho.

Meta

- Gerenciamento digital dos recursos humanos.

Indicadores de Performance

- Uso de ferramentas e aplicativos digitais (e-recruitment, e-learning, bots etc.)
- Nível de satisfação com a qualidade das ferramentas e aplicações digitais usadas no gerenciamento dos recursos humanos.

As metas do banco para a dimensão da Aprendizagem e Crescimento estão relacionadas com o treinamento remoto dos funcionários.

O banco monitora os seguintes indicadores de performance:

- Quantidade de treinamentos remotos por ano por empregado
- Nível de investimento em treinamentos por empregado por ano

O banco pretende melhorar a produtividade dos funcionários através dos treinamentos.

O banco monitora a melhoria da produtividade dos funcionários usando os seguintes indicadores de performance:

- Lucro por empregado
- Produtividade do trabalho

Outra meta do banco é a modernização dos recursos de Tecnologia de Informações e Comunicações.

Para medir o endereçamento desta meta, o banco usa os seguintes indicadores de performance:

- Valor investido na modernização dos recursos de Tecnologia de Informações e Comunicações
- Valor investido na infraestrutura da organização de tecnologia

Os funcionários são importantes para o sucesso de todas as organizações, por isso é preciso monitorar o nível de satisfação dos funcionários e conhecer as suas motivações.

A política de benefícios para os funcionários é usada para atrair e reter os talentos.

Apenas os funcionários satisfeitos estão identificados com a empresa e produzem o seu melhor esforço.

Um dos objetivos do banco é garantir a satisfação dos funcionários. Para tal, ele acompanha através de pesquisas frequentes o nível de satisfação dos funcionários.

A cultura digital dos colaboradores está fortemente conectada com a digitalização dos processos, por isso o banco realiza treinamentos para evoluir os conhecimentos digitais dos seus funcionários.

O banco monitora o endereçamento desta meta por meio dos seguintes indicadores de performance:

- Nível de habilidades digitais dos funcionários (sem habilidade, com habilidade intermediária, com habilidade avançada)
- Nível de complementaridade entre as habilidades digitais e não digitais dos funcionários

A transformação digital impacta o grau de rotatividade dos funcionários (especialmente os colaboradores com baixo nível de habilidades digitais).

O banco monitora a taxa de rotatividade dos funcionários para medir o endereçamento da meta de reduzir a rotatividade dos colaboradores.

Como consequência da pandemia, o banco vem trabalhando na criação de uma cultura de local de trabalho virtual, presencial e flexível, por isso ele monitora os seguintes indicadores de performance:

- Nível de satisfação dos funcionários com as ferramentas digitais adotadas pelo banco
- Nível de satisfação dos funcionários com as horas de trabalho
- Nível de satisfação dos funcionários com o prazo de entrega dos trabalhos
- Nível de uso das ferramentas de comunicação
- Nível de satisfação dos funcionários com o trabalho remoto
- Nível de satisfação dos funcionários com o trabalho híbrido
- Nível de satisfação dos funcionários com o trabalho por meta ou atividade
- Nível de satisfação com o trabalho temporário
- Nível de satisfação dos funcionários com o trabalho móvel

- Nível de satisfação dos funcionários com o trabalho contratado junto às plataformas de trabalho
- Nível de satisfação dos funcionários com o trabalho de carteira profissional assinada
- Nível de satisfação dos funcionários com o trabalho colaborativo

Nas formas flexíveis de emprego é preciso monitorar o grau de autocontrole dos funcionários e a capacidade de auto-organização deles.

A transformação digital afeta todas as áreas do negócio. O gerenciamento de recursos humanos do banco trabalhou para digitalizar os seus processos.

Neste caso foi preciso monitorar o nível de uso das ferramentas e aplicações digitais e o grau de satisfação dos gestores com a qualidade dessas ferramentas e aplicações.

Visão geral dos indicadores de performance propostos do ponto de vista dos acionistas.

Principais Parceiros

- Acionistas

Principais Atividades

- Solicitações de hipotecas por ano aprovadas digitalmente
- Monitoração da quantidade de violações de segurança no aplicativo banco inteligente móvel online
- Solicitações de crédito aprovadas digitalmente
- Monitoração da participação das transações eletrônicas em relação ao total
- Monitoração da quantidade de treinamentos concluídos por funcionário por ano
- Avaliação do nível de satisfação dos funcionários com os recursos de tecnologia usados no trabalho

- Avaliação do nível de satisfação dos funcionários com a quantidade diária de horas de trabalho
- Avaliação do nível de satisfação dos funcionários com o trabalho flexível
- Avaliação do nível de uso das ferramentas de comunicação
- Avaliação do nível de uso das ferramentas digitais e aplicativos

Principais Recursos

- Lucro por funcionário
- Produtividade do trabalho
- Nível das habilidades digitais dos empregados
- Nível de complementaridade entre as habilidades digitais e não digitais dos funcionários
- Taxa de rotatividade
- Nível de autocontrole e capacidade dos funcionários para organizar o seu dia de trabalho.

Proposta de Valor

- Prazo para o lançamento de novos produtos e serviços
- Quantidade de downloads do aplicativo banco inteligente móvel
- Quantidade de tokens de autenticação gerados
- Quantidade de tokens de autenticação expirados
- Nível de satisfação dos clientes com o aplicativo banco inteligente móvel
- Tempo de resposta do aplicativo banco inteligente móvel
- Número de respostas aos candidatos por mês via chatbot

Relacionamento com os Clientes

- Número de transações fraudulentas
- Nível de engajamento dos clientes
- Índice de esforço dos clientes
- Taxa de retenção dos clientes
- Nível de satisfação dos clientes com os novos produtos e serviços
- Grau de satisfação dos clientes com os níveis de serviço

Canais

- Quantidade de solicitações feitas via chatbot por mês
- Nível de participação dos clientes nos canais digitais

Segmentos de Clientes

- Taxa de conquista de novos clientes

Estrutura de custos

- Participação dos documentos processados digitalmente em relação ao total
- Gastos anuais com o treinamento dos funcionários
- Nível de crescimento do investimento em recursos para a organização de tecnologia
- Estrutura dos custos operacionais
- Participação do custo em Tecnologia de Informações e Comunicações no custo total
- Retorno sobre o investimento em Tecnologia de Informações e Comunicações

Fluxo de receitas

- Quantidade de novos produtos e serviços digitais introduzidos por ano
- Participação das receitas dos produtos e serviços digitais na receita total

Conclusões

A integração das ferramentas Balanced Scorecard com o "quadro do modelo de negócio" facilitou a identificação das mudanças, no modelo de negócio do banco, causadas pela transformação digital durante a pandemia COVID-19.

A pandemia vem sendo uma poderosa força na transformação digital do setor empresarial.

O mapeamento em um único quadro das ferramentas Balanced Scorecard e "quadro do modelo de negócio" criou uma estrutura robusta para medir a performance do modelo de negócio da empresa antes e durante a transformação digital.

A estrutura criada precisa receber as informações de outras ferramentas de gestão estratégica para revelar com clareza as mudanças geradas pela transformação digital.

A dimensão dos Clientes do Balanced Scorecard pode ser incluída integralmente no Bloco "Relacionamento com os clientes" do "quadro do modelo de negócio".

A dimensão Financeira do Balanced Scorecard pode ser incluída nos superblocos "Estrutura de custos" e "Fluxo de receitas e modelo de precificação" do "quadro do modelo de negócio".

O banco não mudou todo o seu modelo de negócio com a transformação digital causada pela pandemia do novo coronavírus.

A alta administração entende que no futuro próximo a digitalização afetará todos os componentes do seu modelo de negócio.

O conjunto balanceado de indicadores de performance de todas as dimensões do balanced Scorecard é a modelagem de todas as metas do plano estratégico de negócio do banco.

A monitoração dos índices do conjunto balanceado de indicadores de performance permite que o banco faça uma avaliação do sucesso ou fracasso das atividades que foram digitalizadas.

O conjunto balanceado de indicadores de performance informa também as contribuições do banco para a sustentabilidade de longo prazo.

O conjunto balanceado de indicadores de performance precisa ser quantificado numericamente.

Os dados sobre os índices usados pelos bancos não são públicos e por isso este estudo de caso não pode avançar na direção de como ocorreu o endereçamento das metas estabelecidas pela empresa.

A pandemia da COVID-19 forçou muitas empresas, organizações, firmas e indústrias na direção da adaptação e inovação do modelo de negócio e das práticas empresariais.

O setor financeiro promoveu um gigantesco ajuste no seu modelo de negócio com a digitalização das atividades.

O banco estava em forte processo de digitalização dos seus processos antes da pandemia da COVID-19.

A grande mudança foi na forte aceleração das mudanças que estavam em curso.

Conforme os clientes e funcionários evitaram as interações pessoais, menor foi a quantidade de pessoas que visitavam fisicamente o banco e maior era a quantidade de pessoas que mudaram a sua presença para o espaço online.

Cada vez mais as pessoas estão preferindo os métodos de pagamento sem contato e estão movimentando as suas transações nos modelos de pagamentos sem intermediários.

Foi revelado que os pagamentos por aproximação estão cada vez mais populares no Brasil (Pagamento sem contato deve ficar entre novos hábitos do consumidor no pós-pandemia, https://www1.folha.uol.com.br/colunas/painelsa/2021/12/pagamento-sem-contato-deve-ficar-entre-

-novos-habitos-do-consumidor-no-pos-pandemia.shtml, acessado em 01/04/2022).

O banco digital ganhou novos papéis durante a pandemia do novo coronavírus.

Até o início do ano de 2020 (antes do início da pandemia), o banco digital permitia a realização de apenas algumas transações no internet banking e no aplicativo móvel.

Diversas opções de investimentos e transferências de recursos não estavam disponíveis no ambiente online.

Durante a pandemia, o banco ganhou a concorrência das FinTechs, das BigTechs, das operadoras de telecomunicações, das empresas de varejo etc. que entram com forte intensidade e velocidade no setor de serviços financeiros.

Empresas como Google, Facebook, Apple, Amazon, Mercado Livre, Magalu, Americanas, Vivo, Tim etc. passaram a oferecer produtos e serviços bancários e financeiros para o consumidor durante a pandemia.

As empresas BigTechs alavancaram a sua enorme base de usuários, construindo sobre a infraestrutura existente uma camada financeira que oferecia aos seus clientes e usuários uma ampla gama de produtos e serviços bancários.

Em outras palavras, os bancos tradicionais ganharam durante a pandemia da COVID-19 concorrentes de enorme porte da indústria de tecnologia, varejo etc.

O novo ambiente de negócio fez com que o banco caminhasse na direção da intensa digitalização do modelo de negócio.

O setor bancário vai experimentar grandes mudanças digitais no futuro próximo.

As tecnologias relacionadas com o blockchain, internet das coisas, inteligência artificial, realidade aumentada e virtual etc. dominarão em breve as soluções bancárias.

As tecnologias blockchain, inteligência artificial, realidade aumentada e virtual etc. serão usadas em breve para aumentar a segurança das transações digitais e para criar alternativas para os processos bancários caros e demorados.

Estas tecnologias estão sendo analisadas e testadas pelos bancos para reduzir a quantidade de participantes envolvidos em algumas transações financeiras.

A maioria das pesquisas dos bancos está atualmente focada nos aspectos técnicos dos processos e no nível de previsibilidade e confiabilidade das tecnologias.

Alguns bancos estão criando sistemas baseados na tecnologia blockchain trabalhando apenas com recursos internos.

A tecnologia blockchain (livro caixa distribuído) permite a realização de pagamentos com menor custo, maior nível de segurança e total rastreabilidade.

Nos pagamentos transfronteiriços, a tecnologia blockchain permite pagamentos instantâneos e transparentes.

A tecnologia blockchain elimina uma estrutura cara e complexa de taxas bancárias entre países.

O interesse na tecnologia blockchain está crescendo exponencialmente no setor de serviços financeiros.

As transações tradicionais dependem fortemente dos reguladores centrais tanto para a compensação das operações, quanto para o armazenamento das informações.

As transações blockchain são gerenciadas por uma rede digital que permite:

- Tempo de compensação mais rápido
- Redução da quantidade de intermediários
- Operação em infraestrutura de custos mais barata.

A Internet das Coisas (IdC) está emergindo como tendência tecnológica com grande repercussão na sociedade e no ambiente de negócios.

A IdC influenciará mais cedo ou mais tarde os processos tradicionais de negócio no setor bancário.

A Internet das Coisas em conjunto com outras soluções tecnológicas criará modelos novos de negócio.

Os bancos com a IdC poderão matricular no sistema os dispositivos novos dos clientes e permitirão que eles controlem as suas contas a partir de qualquer um desses dispositivos ou de um dispositivo central.

A aceitação dos usuários para as soluções novas exige uma melhor compreensão pela sociedade e organização dos novos comportamentos.

É preciso ter um debate robusto e transparente sobre as tecnologias, sobre os seus benefícios e malefícios e sobre os problemas endereçados pelas soluções.

O banco depende do comportamento das pessoas em relação às tecnologias de IdC para conquistar o sucesso na sustentabilidade inteligente.

Em breve, as pessoas permitirão que a ideologia ecológica da organização de tecnologia penetre no centro da sua rotina diária e influencie a forma como elas agem e pensam.

Os pagamentos biométricos são exemplos de como as lojas físicas do varejo podem ser parcialmente automatizadas.

O serviço de identificação sem contato conecta o cartão de crédito das pessoas com a impressão da palma da sua mão e cria uma assinatura biométrica única.

Os clientes fazem os pagamentos nas lojas físicas colocando a palma da sua mão sobre um dispositivo que conecta a sua conta na loja com o seu cartão de pagamento.

O banco tem um gigantesco volume de dados sobre os seus clientes que podem ser usados para prever as necessidades futuras deles.

A inteligência artificial pode ser usada para ajudar o banco na utilização deste conhecimento e adaptar as suas ofertas para as necessidades dos clientes.

A inteligência artificial também pode ser usada para monitorar os novos golpes de fraude bancária.

O banco usa diversos modelos de inteligência artificial e aprendizagem de máquina para:

- Analisar os atributos das transações solicitadas e ocorridas
- Avaliar em tempo real as transações solicitadas
- Evitar fraudes multimilionárias

O funcionamento eficiente do banco depende da efetividade da organização dos recursos humanos.

A digitalização e automação dos processos melhora a gestão da organização de recursos humanos.

O gerenciamento da organização de recursos humanos precisa atuar com rapidez e ser capaz de processar um grande volume de informações.

Para tal, foi criado, no banco, um local de trabalho focado tanto nos recursos tecnológicos das equipes, quanto na sua capacitação.

Em outras palavras, a organização de recursos humanos organizou a operação e o comportamento da empresa em torno do modelo de negócio digital.

A gestão de Recursos Humanos (RH) usa a tecnologia de aprendizagem de máquina para planejar as funções executadas pela organização de RH.

A aprendizagem de máquina também é utilizada na análise e processamento das informações relevantes.

O resultado foi o crescimento da racionalidade e agilidade dos procedimentos realizados na seleção e recrutamento de pessoas e nos treinamentos das equipes.

A rotatividade dos funcionários do banco foi fortemente reduzida com a evolução da gestão de Recursos Humanos.

A aprendizagem de máquina também foi usada tanto na medição e gerenciamento do envolvimento dos funcionários, quanto na melhoria dos programas de recompensa (programas de incentivos).

A inteligência artificial é o impulsionador das fases do ciclo de vida da carreira profissional dos funcionários.

A combinação correta entre a necessidade de comunicação com os funcionários e os canais de comunicação digitais melhora a qualidade da execução das tarefas e minimiza a carga de trabalho da organização de Recursos Humanos.

O futuro do RH do banco é digital e humano, pois os gestores precisam concentrar os seus esforções na otimização da efetividade das ações realizadas.

Todos os funcionários da organização de Recursos Humanos precisam saber como adquirir e usar os novos conhecimentos.

A gestão do conhecimento permite a conquista ou manutenção de vantagens competitivas pelo banco.

Ela é a principal ferramenta da organização na melhoria da adaptação do banco em relação ao futuro da transformação digital.

Antes da pandemia, o banco concentrou os seus esforços na exploração das novas tecnologias digitais, por isso a transformação digital do modelo de negócio durante a pandemia do novo coronavírus aprofundou a sua sustentabilidade de longo prazo.

Em outras palavras, o futuro do setor bancário passa tanto pela exploração, oportunidades geradas pela inovação tecnológica e transformação digital, quanto pela superação dos desafios gerados pelas tecnologias digitais.

Durante a transformação digital, o banco passou pelo processo de aumentar a sua flexibilidade em relação a:

- Mudanças geradas pelo progresso tecnológico
- Requisitos novos dos clientes

Para ser competitivo, o banco aumentou o nível de efetividade dos seus processos usando as tecnologias digitais.

O banco e os seus clientes foram beneficiados pelo crescimento da efetividade da sua operação.

As tecnologias digitais penetraram em todos os setores do banco e têm uma presença significativa no seu caixa.

Os sistemas tradicionais ficaram obsoletos e redundantes durante a pandemia do novo coronavírus, pois eles impediam o endereçamento das novas necessidades dos clientes.

Depois do início da pandemia, as tecnologias digitais passaram a fazer parte da vida cotidiana das pessoas, por isso o banco digital não é uma opção, ele é uma necessidade.

O banco precisa trabalhar com as inovações para adaptar e otimizar os seus objetivos estratégicos.

O objetivo do estudo de caso foi analisar as mudanças no modelo de negócio do banco, desencadeadas pela pandemia da COVID-19.

As ferramentas usadas na comparação do antes e durante a transformação digital (Balanced Scorecard e "quadro do modelo de negócio") fornecem uma visão geral dos principais recursos e atividades, da proposta de valor do negócio, do relacionamento com os clientes, dos canais e segmentos de clientes, da estrutura de custos, do fluxo de receitas e do modelo de precificação.

A transformação digital desempenhou um papel importante na simplificação e otimização dos processos do banco.

A transformação digital foi muito importante na proposição de valor, pois ela impactou profundamente o modelo de introdução de novos produtos e serviços.

A digitalização afetou significativamente os processos internos e as atividades da organização de Recursos Humanos.

O banco passou a usar os chatbots para a comunicação com os potenciais candidatos aos empregos.

Devido à pandemia, o banco introduziu o modelo trabalho em casa para os funcionários, para proteger a saúde dos seus colaboradores e clientes.

O banco também forneceu para os funcionários, os recursos adequados para o trabalho e realizou diversos treinamentos remotos.

As mudanças causadas pela pandemia afetaram o funcionamento dos canais de comunicação do banco com os clientes, por isso ele criou, produziu e introduziu o aplicativo banco inteligente móvel.

O aplicativo foi desenvolvido tanto para aumentar a segurança do acesso ao sistema pelos clientes, quanto para melhorar a experiência do usuário na sua navegação no aplicativo.

O conjunto balanceado de indicadores de performance do Balanced Scorecard considerou os objetivos e metas futuras do banco.

Os objetivos foram desenvolvidos em função das mudanças de comportamento dos clientes durante a pandemia.

Foi possível expandir as dimensões do Balanced Scorecard em subdimensões, pois, o conjunto balanceado de indicadores de performance permitiu o entendimento de quais índices podiam ser usados para medir o sucesso ou fracasso da transformação digital do modelo de negócio.

O conjunto balanceado de indicadores de performance também fornece informações sobre a sustentabilidade de longo prazo do meio ambiente.

A evolução positiva dos valores dos indicadores indica o crescimento da filosofia ambiental do banco.

A redução no uso de papel protege tanto as florestas, como o meio ambiente. O banco digital oferece, portanto, serviços ecologicamente sustentáveis.

Referências Bibliográficas

Barker, R. Knowledge management to prevent fraudulent e-banking transactions. Communitas 2018, 23, 71–86

Bennett, R.A. Year Into the COVID-19 Pandemic: What Have We Learned About Workplaces and What Does the Future Hold? The National Law Review, 16 March 2021; 75.

Genzorova, T.; Corejova, T.; Stalmasekova, N. How digital transformation can influence business model, Case study for transport industry. Transp. Res. Procedia 2019, 40, 1053–1058.

Kaplan, R.S.; Norton, D.P. Balanced Scorecard: Translating Strategy into Action, 1st ed.; Harvard Business School Press: Boston, MA, USA, 1996; pp. 47–146.

Savi´c, D. COVID-19 and Work from Home: Digital Transformation of the Workforce. Grey J. 2020, 16, 101–104.

Toffler, Alvin. O Choque do Futuro. São Paulo, Editora Record, 1994 (5ª ed.)

Toffler, Alvin. A Terceira Onda. Rio de Janeiro, Record, 1980 (7a ed.)

Referências Internas

https://www.insper.edu.br/noticias/no-trabalho-remoto-resultado-tambem-e-a-formula-para-as-promocoes-na-empresa/, No trabalho remoto, resultado também é a fórmula para as promoções na empresa, acessado em 01/04/2022

https://www1.folha.uol.com.br/cotidiano/2022/03/vila-olimpia--e-avenida-berrini-vivem-morte-anunciada-com-vazio-apos--pandemia.shtml?utm_source=mail&utm_medium=social&utm_campaign=compmail&origin=folha, Vila Olímpia e Avenida Berrini vivem 'morte anunciada' com vazio após pandemia, acessado em 01/04/2022

https://www1.folha.uol.com.br/mercado/2022/01/pandemia-acelera-oferta-de-servicos-publicos-digitais-que-ja-passam-dos-3400--veja-exemplos.shtml?utm_source=mail&utm_medium=social&utm_campaign=compmail&origin=folha, O artigo "Pandemia acelera oferta de serviços públicos digitais, que já passam dos 3.400; veja exemplos, acessado em 01/04/2022

https://www1.folha.uol.com.br/poder/2022/03/internet-precaria-cria--fosso-de-acesso-a-justica-para-populacao-vulneravel.shtml, Internet precária cria fosso de acesso à Justiça para população vulnerável, acessado em 01/04/2022

https://www1.folha.uol.com.br/colunas/painel/2022/03/bairro-na-periferia-da-zona-sul-sera-o-primeiro-a-receber-novas-antenas-de-telefonia--em-sp.shtml, Bairro na periferia da Zona Sul será o primeiro a receber novas antenas de telefonia em SP, acessado em 01/04/2022 https://canaltech.com.br/carreira/automacao-deve-acabar-com-34-dos-empregos-ate-2040-207264/, Automação deve acabar com 34% dos empregos até 2040, acessado em 01/04/2022

https://www.siteware.com.br/qualidade/modelo-de-kano/, Conheça o modelo de Kano e os 3 atributos essenciais para analisar a satisfação de seus clientes, acessado em 01/04/2022

https://www1.folha.uol.com.br/colunas/painelsa/2021/12/pagamento-sem-contato-deve-ficar-entre-novos-habitos-do-consumidor-no-pos-pandemia.shtml, Pagamento sem contato deve ficar entre novos hábitos do consumidor no pós-pandemia, acessado em 01/04/2022.

https://www1.folha.uol.com.br/mercado/2022/03/preco-do-papel-dispara-e-editoras-encolhem-tiragem-de-livros-e-hqs.shtml?utm_source=mail&utm_medium=social&utm_campaign=compmail&origin=folha, Preço do papel dispara, e editoras encolhem tiragem de livros e HQs, acessado em 01/04/2022

https://economia.uol.com.br/noticias/redacao/2022/03/28/golpe-perfis-falsos-pousadas-e-hoteis.htm, Golpistas criam perfis falsos de hotéis e pousadas para conseguir dinheiro, acessado em 01/04/2022

Referências Externas

Remote Work - Gartner Glossary, https://www.gartner.com/en/information-technology/glossary/remote-work, acessado em 01/04/2022

SAP Insights. Digitization vs Digitalization. SAP Insights, https://insights.sap.com/digitization-vs-digitalization/, acessado em 01/04/2022

Statista. Digital Transformation—Statistics & Facts, https://www.statista.com/topics/6778/digitaltransformation/#dossierSummary__chapter2, acessado em 01/04/2022

Microsoft. A Guide to the Future How Companies Across Industries in Central and Eastern Europe Approach the Digital Revolution, https://news.microsoft.com/uploads/prod/sites/52/2018/11/CEE_DT_thought_leadership_e-book.pdf, acessado em 01/04/2022

Harvard Business Review. A BetterWay to Think About Your Business Model, https://hbr.org/2013/05/a-better-way-to-think-about-yo, acessado em 01/04/2022

Harvard Business Review. The Balanced Scorecard—Measures that Drive Performance, https://hbr.org/1992/01/the-balanced-scorecard-measures--that-drive-performance-2, acessado em 01/04/2022

Forbes. Pandemic Accelerated Digital Banking Tools in 2020 That Will Continue Far Beyond, https://www.forbes.com/sites/lizfrazierpe-ck/2021/01/15/pandemic-accelerated-digital-banking-tools-in-2020--that-will-continue-far-beyond/?sh=648c82163ffe, acessado em 01/04/2022

Finextra. Trends That Will Shape Digital Banking's Future, https://www.finextra.com/blogposting/20494/trends-that-will-shape-digital-bankings--future, acessado em 12/08/2021).

McKinsey & Company. Technology-Led Shifts and Opportunities in Card-Based Payments, https://www.mckinsey.com/industries/financial--services/our-insights/banking-matters/technology-led-shifts-and-oppor-tunities-in-card-based-payments, acessado em 01/04/2022

Deloitte. Blockchain @ Rethinking Banking: A View on How Blockchain Can Change Banking, https://www2.deloitte.com/content/dam/Deloit-te/de/Documents/Innovation/Blockchain-Banking-Whitepaper-Deloit-te-2017.pdf, acessado em 01/04/2022

Infosys Financle. IoT in Banking—Enabling Banks' Digital Future, https://www.edgeverve.com/finacle/finacleconnect/trulydigital-2017/perspective/iot-banking-enabling-banks-digital-future/, acessado em 01/04/2022

HR Technologist. What Is the Potential of Chatbots in Recruitment?, https://www.toolbox.com/hr/hr-strategy/articles/what-is-the-potential-of-chatbots-in-recruiting/, acessado em 01/04/2022

Send Pulse Blog. Chatbots Reduce Time to Hire and All the Related Costs, https://sendpulse.com/blog/recruitment-chatbots#Chatbots_reduce_time_to_hire_and_all_the_related_costs, acessado em 01/04/2022

Docebo. Your Friend: Artificial Intelligence in Corporate Training, https://www.docebo.com/learning-network/blog/corporate-training-ai/, acessado em 01/04/2022

Strammer. How Human Resources Can Benefit from Using AI, https://strammer.com/en/how-artificial-intelligence-can-improve-the-job-of-human-resources/, acessado em 01/04/2022

Business Insider. The Future of Retail, Mobile, Online, and Digital-Only Banking Technology in 2021, https://www.businessinsider.com/future-of-banking-technology, acessado em 01/04/2022

Anexos

Estudo de caso: Empresa fictícia de catálogos

Durante as últimas décadas do século XX, a empresa liderou o mercado dos catálogos impressos.

No começo do século XXI, a organização sentiu os efeitos das mudanças induzidas pela digitalização da sociedade.

Na segunda metade da primeira década do século XXI, as pessoas faziam pesquisas sobre os fornecedores de produtos e serviços apenas nos catálogos digitais especializados.

Os provedores de produtos e serviços deixaram de anunciar nos catálogos de papel e passaram a anunciar apenas nos canais digitais, pois os clientes buscavam por informações apenas nos meios virtuais.

A publicidade em catálogos de papel sofreu uma queda anual média de 15% na primeira década do século XXI.

As pequenas e médias empresas que pagavam para anunciar nos catálogos em papel abandonaram o modelo analógico.

A empresa que estava engatinhando nas atividades online em 2010 precisou crescer rapidamente a sua presença no universo digital para suportar o declínio do negócio de catálogos impressos.

A década antes do início da pandemia do novo coronavírus foi marcada por forte turbulência econômica e por diversas crises financeiras.

No início de 2020, o novo presidente da empresa convenceu o conselho administrativo que era o momento de fazer uma reestruturação completa do negócio.

Apesar das dificuldades, a empresa tinha a reputação de elevada credibilidade no mercado de relacionamento B2B (Business to Business).

Ela produzia e disseminava informações confiáveis e relevantes para os consumidores finais de diversos produtos e serviços e facilitava a vida dos anunciantes.

A empresa detinha cerca de 30% do mercado de produção de conteúdo, ou seja, existia um bom espaço de crescimento.

Com a mudança para a visão de produtora de conteúdo no começo do ano de 2020, a empresa percebeu que existiam necessidades dos clientes não atendidas e ela poderia rapidamente explorar estas oportunidades e ampliar o seu papel de intermediário no relacionamento entre os anunciantes e as mídias de Internet.

Com a pandemia do novo coronavírus a empresa resolveu acelerar a transformação do seu modelo de negócio e ter em 2020, aproximadamente 90% dos seus negócios online e o restante nos próximos cinco anos.

A transformação digital do modelo de negócio da empresa foi realizada em conjunto com as seguintes mudanças estruturais:

- Reestruturação da operação da organização em torno do segmento de pequenas e médias empresas e do segmento de consumidores finais.

- Reestruturação das lideranças da organização de tecnologia para ter um líder focado apenas no desenvolvimento de novas tecnologias digitais, um líder apenas gerenciando o desempenho dos sistemas existentes e um outro líder cuidando apenas da performance dos sistemas críticos.

- Reestruturação das relações construídas ao longo dos anos entre a força de vendas da empresa e os seus milhares de clientes.
- Reestruturação da cultura corporativa através da contratação de funcionários experientes em relação às tecnologias existentes.
- Reestruturação do conjunto balanceado de indicadores de performance para focar a atenção da empresa no sucesso dos clientes e no desempenho dos processos internos.
- Reestruturação do relacionamento com as pequenas e médias empresas para demonstrar como as soluções digitais de publicidade impactam o negócio delas e como elas impulsionam as receitas.
- Reestruturação da força de trabalho de criação do conteúdo online para gerenciar mais de 200 mil sites.
- Reestruturação do desenvolvimento criativo para explorar as possibilidades existentes nas mídias sociais, nos aplicativos 3D, nos serviços de anúncios nas telas, nos elevadores, shoppings, telas do Windows etc., nos serviços de publicidade digital, nos serviços de otimização dos motores de buscas, nos serviços de marketing direto, nos serviços de cupons de desconto etc.
- Reestruturação da alta administração para conquistar a mente, coração e bolso do público online.
- Reestruturação dos recursos digitais para aumentar a presença da marca nos dispositivos móveis.

- Reestruturação da análise analítica de dados e informações tanto para analisar o perfil do tráfego nos anúncios, quanto para identificar os padrões de comportamento do público, quanto para quantificar o valor de cada cliente ou consumidor, quanto para calcular o impacto dos produtos e serviços na vida dos consumidores, quanto para otimizar os gastos dos clientes com a publicidade.

A abordagem da transformação digital do modelo de negócio foi baseada na marca que era muito forte no mercado.

Os vendedores da organização mantinham relacionamentos de longo prazo com as pequenas e médias empresas.

A empresa realizou investimentos robustos na criação de conteúdo e na ampliação da sua capacidade de estabelecer parcerias com os mecanismos de busca (Bing, Google etc.) e com fontes de conteúdo (Facebook, Twitter, Instagram etc.).

Dois meses depois da mudança estratégica, o faturamento mensal da empresa saltou para a casa dos R$ 10 milhões com as vendas online.

A margem líquida unitária foi catapultada para o patamar de 40% e após o quarto mês da digitalização, os negócios online representavam 70% do faturamento da empresa.

A empresa trabalhou fortemente para alcançar o patamar de 90% de negócios online em dezembro de 2020.

Estudo de caso: Indústria fictícia de tinta

Durante a pandemia do novo coronavírus a demanda por pequenas reformas residenciais cresceu exponencialmente.

A indústria fictícia de tinta percebeu que estava diante de uma gigantesca oportunidade de negócio e passou a oferecer serviços em vez de produtos (paredes pintadas ao invés de vender latas de tintas).

A estratégia de oferecer serviços trouxe o benefício tanto de gerar novas receitas para a firma em um momento em que o mercado estava em forte contração, quanto de habilitar o sucesso do cliente.

A venda dos serviços garantia que os produtos de alta tecnologia fossem aplicados adequadamente nas reformas, melhorando assim a satisfação e o sucesso do cliente.

A entrega de serviços permitiu a aproximação da indústria com o seu consumidor final.

O capital intelectual da empresa passou a entender as principais motivações das escolhas dos consumidores e a engenharia desenvolveu uma nova linha de acabamentos de textura de alta tecnologia.

O colaborador que trabalhou na casa dos clientes gerou um valioso volume de informações que a equipe de marketing usou para entender as preferências dos clientes e a sua demanda futura.

A captura de um melhor conhecimento das preferências dos clientes finais foi uma iniciativa de alta prioridade da empresa.

O modelo de negócio antes da transformação digital da indústria era de uma operação focada nos varejistas e baixo envolvimento com os clientes.

Durante a pandemia, o relacionamento entre os executivos da organização de tecnologia e a alta administração da empresa foi fortemente estreitado.

A equipe de tecnologia foi treinada durante a pandemia em graduações relacionadas com os negócios da indústria para que ela tenha uma compreensão profunda dos processos de negócio executados.

A equipe da organização de tecnologia passou a exercer o papel de consultor de processos internos.

A governança da indústria é centralizada (estrutura de cima para baixo) com um forte entendimento da alta administração sobre a importância da padronização dos recursos e coordenação dos processos.

As iniciativas digitais foram frutos das sugestões dos executivos de negócios e da organização de tecnologia.

Todas as iniciativas passaram pela fase de análise analítica de dados e informações.

O forte crescimento das vendas de serviços e as novas demandas do negócio aumentaram os desafios da governança da transformação digital.

A empresa está no momento de um novo processo de planejamento de portfólio.

A indústria parou de entregar produtos e passou a entregar soluções para os clientes.

O crescimento do volume de projetos exigiu o estabelecimento de processos para endereçar as expectativas dos clientes e otimizar a utilização dos recursos disponíveis.

Os projetos inovadores liderados pela organização de tecnologia exigiram um forte investimento da empresa nas suas capacidades de tecnologia em conjunto com a realização simultânea de mudanças organizacionais e de processos.

Os investimentos foram alavancados pela perspectiva futura da organização de implementar continuamente novos serviços para os clientes com base na transformação digital.

Estudo de caso: Indústria fictícia de vestuário

A indústria de vestuário construiu um ecossistema de negócio combinando bons produtos com uma marca atraente e com relacionamentos com as celebridades.

A empresa que é líder do ecossistema vem trabalhando com afinco na melhoria dos processos internos e das suas conexões com os membros do ecossistema.

A digitalização da experiência dos usuários permitiu a oferta de produtos personalizados.

Os clientes podem interagir em tempo real com o sistema ou trabalhar com um consultor em uma loja física para configurar as roupas no esquema desejado de cor, tamanho e tecido e receber os produtos na sua casa.

Este processo modificou completamente tanto o sistema operacional da indústria, quanto o seu gerenciamento.

A digitalização ocorrida durante a pandemia permitiu a entrega de uma nova experiência para os clientes.

O ecossistema construiu comunidades nas redes sociais focadas nas diferentes categorias de produtos da empresa.

As comunidades criaram um canal de comunicação entre a indústria e os clientes de cada uma das categorias de produtos.

A indústria lançou produtos digitais para endereçar as necessidades do estilo de vida dos seus clientes durante a pandemia (por exemplo, relógios inteligentes customizados combinando com as roupas compradas).

Os processos internos de desenvolvimento de novos de produtos foram digitalizados e os projetos baseados em papel deixaram de existir.

Foi preciso trabalhar com a capacitação dos projetistas e com a cultura interna para superar os problemas da transição do papel para o digital.

O processo digital oferece benefícios de larga escala, pois o envio dos projetos para os fornecedores foi simplificado, melhorado e otimizado (foram enviados projetos digitais em vez de protótipos físicos).

A eliminação das falhas dos protótipos físicos reduziu o prazo de entrega do desenvolvimento dos produtos em mais de dez meses.

O projeto digital permitiu uma rápida resposta tanto para os problemas de fabricação, quanto para as mudanças solicitadas pelos clientes.

A indústria usou os projetos digitais para promover de forma diferente os novos produtos para os varejistas.

A digitalização despertou a atenção dos varejistas e os pedidos de encomendas vieram mais cedo e com mais velocidade do que ocorria com o projeto físico.

As facilidades do projeto digital habilitaram a realização de promoções conforme a demanda pelos varejistas.

O ecossistema entende que precisa coordenar os seus esforços digitais, por isso foi criada uma divisão digital para oferecer recursos digitais para todos os membros do sistema empresarial.

Foram contratados executivos com larga experiência em diferentes aspectos da gestão de um negócio digital para trabalhar na unidade de inovação.

Esta unidade é responsável tanto pela identificação de novas abordagens de relacionamento com os clientes, quanto pela identificação dos processos que precisam ser revistos e otimizados.

A divisão digital tem como uma das suas missões explorar as sinergias existentes entre as diversas iniciativas digitais.

O principal objetivo da unidade de inovação é criar uma abordagem comum centrada nas necessidades e requisitos dos clientes.

Estudo de caso: Aeroporto fictício digital

A empresa opera diversas concessões de aeroportos de médio e pequeno porte no mundo.

Durante a pandemia, a evolução do distanciamento social exigiu que a empresa buscasse mecanismos para financiar a operação dos aeroportos sem voos e passageiros.

O desafio do financiamento foi exacerbado pelos desafios econômicos da recessão durante a pandemia.

As viagens aéreas rarearam e as companhias aéreas ficaram mais agressivas na negociação das taxas pagas para as operadoras de aeroportos.

Para obter novas receitas, a empresa transformou o seu modelo de negócio para aumentar a efetividade dos processos internos nos aeroportos.

O foco era o endereçamento das necessidades e requisitos dos consumidores finais.

A empresa acabou com o modelo de atender apenas as necessidades e requisitos das companhias aéreas.

A implantação da transformação digital do modelo de negócio exigiu o engajamento dos colaboradores, pois eles precisavam adotar as perspectivas operacionais mais voltadas para os negócios.

A digitalização foi alavancada pelos ativos estratégicos da organização (concessões, controle de como os produtos e serviços são vendidos nos aeroportos e cultura colaborativa dos funcionários).

A estratégia da gestão foi consolidada com a transformação digital e a empresa focou os seus esforços na racionalização e integração dos processos internos e nos recursos de Tecnologia de Informações e Comunicações.

O executivo da organização de tecnologia liderou a execução do portfólio de projetos da transformação digital.

Foi criado um conselho multidisciplinar de especialistas para coordenar e apoiar o progresso da digitalização dos aeroportos.

O objetivo do portfólio de projetos é permitir o acompanhamento de cada passo dado pelos clientes enquanto eles caminham dentro do aeroporto e oferecer serviços sempre que for possível.

A empresa quer aumentar as receitas geradas pelos usuários do aeroporto para compensar a redução das taxas pagas pelas companhias aéreas.

A operadora quer explorar a grande mudança de comportamento dos viajantes durante a pandemia (as pessoas querem ser os seus agentes de viagens).

A operadora desenvolveu soluções de autoatendimento para ajudar os clientes nas atividades realizadas no aeroporto.

Foram oferecidos serviços de transporte, estacionamento, check-in e localização do portão de embarque através de um aplicativo.

Os aplicativos inteligentes informam para os clientes todas as informações sobre a viagem.

A operadora complementa os seus serviços digitais com os agentes de atendimento aos clientes (humanos e robôs) que circulam pelo aeroporto com dispositivos móveis para apoiar e orientar os viajantes.

A empresa oferece nos aplicativos inteligentes os serviços essenciais para os viajantes e serviços complementares de aluguel de carros, estacionamento, passagens de ônibus e trens, salas de banho e de descanso, hospedagem, seguros etc.

A empresa desenvolveu parcerias com as companhias aéreas para vender passagens no aplicativo.

A operadora enfrentou o desafio de criar uma única estratégia operacional para todos os seus aeroportos.

A empresa oferece para todos os clientes dos seus aeroportos o mesmo portfólio de serviços.

A empresa consolidou as suas plataformas de tecnologia em uma infraestrutura robusta e resiliente e estabeleceu acordos de parcerias com outros aeroportos nacionais e estrangeiros para fornecer mais informações para os viajantes.

A capacidade de interconectividade da plataforma digital da operadora permitiu a disponibilização de diversos serviços de embarque e desembarque para as companhias aéreas.

A digitalização dos processos operacionais internos evoluiu a comunicação entre os colaboradores.

A precisão e rapidez das informações permitiu a entrega de serviços melhores para os clientes finais.

Praticamente todos os funcionários usam dispositivos móveis enquanto circulam pelos aeroportos.

Foram criadas diretrizes para as postagens dos funcionários nas mídias sociais da empresa.

Os colaboradores passaram a ter presença ativa nas redes sociais da organização.

Foi lançada uma plataforma colaborativa tanto para entender a experiência dos usuários nos aeroportos, quanto para adaptar dinamicamente os serviços oferecidos para atender as necessidades e requisitos dos viajantes.

A jornada de transformação digital do modelo de negócio da empresa permitiu que a operadora conquistasse um novo patamar de autonomia financeira durante a crise econômica causada pela pandemia do novo coronavírus.

A digitalização gerou diversos ajustes operacionais e a alta administração entendeu qual era a real participação dos ativos estratégicos na lucratividade da empresa.

Todos os colaboradores tinham uma visão clara de como a digitalização alavancou a lucratividade do negócio.

No início do processo, a empresa contratou um experiente executivo de governança da transformação digital para orquestrar a criação de mecanismos de governança para melhorar as chances de sucesso do portfólio de projetos.

As lideranças das áreas de negócio desenvolveram o engajamento dos funcionários sobre a digitalização do modelo de negócio para mudar a cultura corporativa da empresa.

A alta administração entende que a empresa está posicionada corretamente no mercado e é possível avançar mais ainda na transformação digital do modelo de negócio.

Estudo de caso: Banco fictício local

Por causa da pressão da concorrência, das mudanças regulatórias e dos novos requisitos dos clientes durante a pandemia, o banco resolveu fazer a transformação digital do seu modelo de negócio.

A empresa, que é uma das maiores financiadoras de obras privadas na região sul do Brasil incorporou o estratagema Business to Consumer (B2C) ao seu perfil operacional de Business to Business (B2B).

O banco quer orquestrar a experiência dos clientes na compra de um imóvel residencial.

O estratagema B2C exigiu um novo modelo operacional do banco, pois foi preciso trabalhar com ofertas capilarizadas e treinar funcionários, clientes e parceiros no sistema digital.

O cliente pode acessar o sistema online ou usar um terminal de autoatendimento no stand de vendas para saber se está qualificado para receber o financiamento do imóvel.

O vendedor do imóvel pode oferecer diversos produtos financeiros como parte do processo de venda.

Quando o cliente decidir pela compra do imóvel, ele retorna presencialmente ao stand de vendas ou acessa o aplicativo para iniciar o processo de obtenção do financiamento do imóvel.

Quando o cliente estiver usando o aplicativo, ele pode consultar o seu conselheiro virtual inteligente em qualquer momento para esclarecer as suas dúvidas.

A experiência do cliente é completa e ela inclui um mapa com as principais facilidades existentes na região do imóvel codificadas por cores e sugestões de produtos financeiros para o financiamento com base na análise do fluxo de caixa do cliente nos próximos anos.

Para impedir fraudes, o cliente recebe um chaveirinho baseado em um token dinâmico de seis segundos para acessar o sistema do banco.

Todo o processo de financiamento é integrado com o sistema de análise analítica do risco do cliente e com o sistema de Customer Relationship Management (CRM) que centraliza o relacionamento do cliente com o banco.

O vendedor do stand de vendas acompanha cada um dos seus clientes durante o processo de financiamento e os ajuda conforme a necessidade.

O banco aumenta a efetividade do seu sistema inteligente de análise analítica do risco do cliente através de parcerias com outras empresas da rede de relacionamento do cliente.

Para fazer a transformação digital do seu modelo de negócio, a empresa desenvolveu através de treinamentos as novas habilidades e capacidades da sua equipe de profissionais e parceiros.

O projeto de digitalização foi implementado no prazo de seis meses durante a pandemia.

O conceito de terminal de autoatendimento para o financiamento no stand de vendas do imóvel foi bem-sucedido na região sul e o banco quer expandir a iniciativa para todos os stands de vendas da região nordeste do Brasil.

A visão do banco para o estratagema B2C é usar a capilaridade do modelo e aumentar as ofertas existentes para o financiamento imobiliário B2B na região nordeste do Brasil.

Na prática o banco está criando um sistema de proteção contra a competição existente no financiamento imobiliário B2B.

O amadurecimento do sistema de financiamento permitirá que o banco ofereça outros produtos financeiros pelo canal B2C.

Estudo de caso: Empresa fictícia de mídia

A empresa é uma organização de mídia tradicional (televisão, imprensa escrita, e rádios).

A empresa vem experimentando ao longo das últimas duas décadas uma transição intensa para o digital nos seus negócios.

Diversos recursos tradicionais foram descontinuados durante a fase de transição.

A pandemia do novo coronavírus acelerou a velocidade da transição para o digital.

A alta administração percebeu que era preciso transformar a forma como os negócios eram realizados para sobreviver.

Não era apenas uma mudança tecnológica, era preciso mudar os processos internos e a cultura corporativa.

O principal executivo percebeu o desafio gerado pelo novo comportamento das pessoas e contratou um portfólio de projetos para aumentar significativamente as vendas de serviços digitais.

A transformação digital ordenada pelo presidente da organização foi derivada da visão do futuro do negócio elaborada pelo conselho administrativo.

A administração descentralizada de cada unidade da organização passou a responder para o comitê central de digitalização.

O comitê tinha a missão de coordenar e auxiliar a construção e o desenvolvimento dos negócios digitais.

Foi nomeado para comandar o comitê central de digitalização um executivo experiente de governança da transformação digital.

O executivo do comitê se reportava diretamente ao presidente da organização.

Foram nomeados executivos de tecnologia para o cargo de diretor digital de cada área de negócio.

O diretor digital respondia diretamente para o principal executivo do comitê central de digitalização.

O diretor digital de cada área de negócio era responsável pela implementação e coordenação da transformação digital de sua divisão.

A transformação digital do modelo de negócio da empresa foi desenvolvida em função dos seguintes aspectos:

- Criação de uma federação digital
- Criação de uma plataforma de distribuição digital
- Exploração das oportunidades de monetização dos recursos digitais
- Compartilhamento efetivo dos ativos digitais entre as unidades de negócio
- Criação de facilidades para o desenvolvimento de novos produtos e serviços
- Desenvolvimento de novas capacidades e habilidades digitais dos funcionários via cursos e treinamentos
- Criação da cultura de experimentação digital
- Desenvolvimento de uma estratégia para as mídias sociais
- Criação de uma política de incentivo para as ideias inovadoras
- Desenvolvimento de revistas e livros colaborativos e interativos
- Exploração da sabedoria das multidões em todas as linhas de negócio da empresa.

A empresa monitorou o progresso da sua transformação digital por meio de um conjunto claro, transparente e balanceado de indicadores de performance.

O comitê central de digitalização impulsionou a inovação pela criação das seguintes ferramentas:

- Modelo de investimento
- Estratagema "lucro e perda" para as vendas
- Plataforma de serviços compartilhados.

A empresa enfrentou o processo de desconstrução do seu negócio tradicional com a transformação digital.

As atividades tradicionais rentáveis atualmente serão monitoradas e mantidas enquanto gerarem retorno de investimento positivo.

A alta administração da televisão desenvolveu um cenário de programação interativa usando a evolução das tecnologias de vídeo digital.

As revistas e os livros digitais foram transformados em publicações digitais interativas.

Foi revelado que o formato dos livros digitais que existe atualmente não explora adequadamente as potencialidades da tecnologia (Preço do papel dispara, e editoras encolhem tiragem de livros e HQs, https://www1.folha.uol.com.br/mercado/2022/03/preco-do-papel-dispara-e-editoras-encolhem-tiragem-de-livros-e-hqs.shtml?utm_source=mail&utm_medium=social&utm_campaign=compmail&origin=folha, acessado em 01/04/2022).

O ultrapassado processo de "escanear" um livro em papel está sendo abandonado por causa do enorme apelo das oportunidades da interatividade digital.

A empresa desenvolveu facilidades para trabalhar com os seus parceiros e entregar qualquer tipo de conteúdo, em qualquer hora, lugar e dispositivo.

A plataforma digital centralizada permite o compartilhamento de informações entre todos os membros do ecossistema produtivo.

O novo sistema preservou a possibilidade de conteúdo exclusivo por um prazo determinado em cada país.

A plataforma digital permite a oferta de um portfólio global de conteúdo para mais de 100 milhões de clientes.

O ecossistema criado gerou um ambiente inexplorado pelas outras empresas de mídia.

Foi preciso enfrentar diversos problemas, pois o mercado publicitário não entendeu o funcionamento da nova estrutura de custos da empresa.

Os aplicativos da empresa foram largamente aceitos pela sua base de clientes.

Os experimentos da empresa nas mídias sociais permitiram a integração dos produtos e serviços digitais da empresa com as redes sociais e impulsionou o consumo de conteúdo.

O crescimento futuro da empresa passa pela exploração das novas oportunidades de negócios geradas pela mobilidade.

Em breve, será possível assistir um jogo de futebol do seu time favorito e olhar os números que estão por trás das camisas nos bancos de dados com as estatísticas sobre os jogadores.

Será possível comprar uniformes e acessórios autografados pelos jogadores, fazer apostas e até mesmo comprar o NFT de um gol.

A integração com as redes sociais permite o compartilhamento das compras realizadas com a rede de contatos do cliente.

Os principais desafios da transformação digital do modelo de negócio da empresa foram:

- Resistência cultural em relação à velocidade de transição das unidades de negócio

- Desenvolvimento de capacitações e habilidades digitais pelos colaboradores
- Criação da cultura de experimentação
- Manutenção da integridade da estratégia unificada para a transformação digital
- Superação da aversão ao risco
- Simplificação do processo de tomada de decisão
- Execução dos projetos no ritmo das mudanças necessárias.

A digitalização permitiu a expansão da empresa para outras cidades, estados e países e aprofundou os laços da empresa com a sua comunidade local.

Estudo de Caso: Hotel fictício no Brasil

O hotel é uma das maiores empresas de hospitalidade do Brasil. A empresa constantemente busca soluções para melhorar a sua efetividade operacional e o atendimento aos clientes.

O programa de fidelidade do hotel é o principal pilar do seu estratagema para entender os requisitos dos clientes, endereçar as suas necessidades e vender hospedagem.

A alta administração da empresa acredita que a tecnologia habilita a melhoria dos processos internos e aumenta a efetividade dos canais de comunicação com os clientes.

A empresa já identificou dezenas de oportunidades de aumento da sua lucratividade via transformação digital.

Existem oportunidades de evolução tanto via redes e mídias sociais, quanto via a análise analítica de dados e informações.

O hotel realizou a transformação digital de diversos processos internos e continuamente estuda tecnologias para inovar a sua operação.

A empresa vem enfrentando desde 2020 diversos desafios organizacionais e por isso, ela adotou a prática de abordagem racional e bem definida para as iniciativas de transformação digital.

O hotel vem trabalhando a digitalização dos seus processos internos em torno dos seguintes focos estratégicos:

- Presença online
- Engajamento dos clientes atuais e potenciais
- Aumento da efetividade dos processos operacionais internos.

Presença online

A empresa trabalha a evolução contínua da sua presença online nas redes sociais e nos seus aplicativos.

A presença online de toda a rede de hotéis foi integrada em uma plataforma comum, para permitir a divulgação das ofertas no mercado alvo.

Foi incorporada ao sistema de gestão uma ferramenta para controlar o conteúdo dos eventos, festas etc. e para melhorar a efetividade dos recursos disponíveis.

O hotel trabalha com muito afinco com os recursos disponíveis nas mídias sociais.

Engajamento dos clientes atuais e potenciais

Os funcionários monitoram o ambiente digital para identificar e responder as avaliações positivas e negativas dos hóspedes.

É consenso interno que é preciso melhorar a capacidade de resposta do time em função do crescimento contínuo das interações.

Foi definido um grupo multidisciplinar (marketing, suporte ao produto, suporte ao cliente, organização de tecnologia etc.) para responder as interações dos clientes atuais e futuros.

O hotel integrou as informações publicadas nas mídias sociais com os seus sites e aplicativos.

Os sites e aplicativos permitem que os usuários façam comentários sobre a sua experiência no hotel.

A empresa incorporou nos seus sites e aplicativos as mídias sociais de terceiros (por exemplo, as avaliações dos clientes sobre a sua experiência no hotel).

O conteúdo positivo ou negativo foi incorporado automaticamente nos sites e aplicativos.

Os clientes querem respostas e ações tanto para os seus elogios, como para as suas críticas.

As avaliações honestas dos clientes permitiram que os profissionais de marketing do hotel tivessem uma fonte de conteúdo para comparar com as informações geradas internamente.

Como praticamente todos os clientes atuais e futuros do hotel usam celulares inteligentes no seu dia a dia, o hotel passou a tratar as tecnologias móveis como um dos principais componentes da sua estratégia de marketing.

A empresa oferece diversos aplicativos para os smartphones e está trabalhando na direção de um futuro em que as pessoas acessam os sites mais via celular do que via computadores.

O hotel atua fortemente no marketing móvel para alcançar os clientes porque eles respondem quase instantaneamente às mensagens enviadas.

Os sistemas mensageiros são o núcleo da estratégia do marketing móvel por causa da sua capilaridade.

Cada hotel é responsável pela elaboração das suas mensagens de marketing móvel.

Os conteúdos são entregues para os destinatários pelo sistema centralizado de mensagens da corporação.

A empresa vem trabalhando com os serviços baseados na localização das pessoas para personalizar as interações.

O ciclo de entrega das inovações foi reduzido pelas facilidades oferecidas pelos telefones celulares.

Os hóspedes podem receber cupons para os restaurantes, shows e outros serviços oferecidos pelo hotel.

Os clientes recebem também informações sobre serviços personalizados (passeios, aluguéis de carros, cartões de fidelidade etc.) nos seus celulares e nos telões instalados nos hotéis.

Os serviços móveis baseados na localização apresentam diversos desafios que precisam ser superados.

O principal desafio é a potencial intrusão na privacidade do hóspede do serviço baseado na localização do cliente.

Para evitar a invasão na privacidade do hóspede, o hotel optou por um aplicativo que solicita a digitação do número do cartão de fidelidade ao invés de ler automaticamente por proximidade o número do cartão.

No hotel, existem vários grupos multidisciplinares que se reúnem regularmente para coordenar as atividades das experiências digitais.

O hotel implantou um sistema corporativo para coordenar as atividades realizadas pelos seus diversos fornecedores para impedir a fragmentação do conhecimento das várias iniciativas de transformação digital.

Foi revelado que os malfeitores reproduzem as páginas oficiais dos hotéis e oferecem promoções especiais para os seguidores do hotel nas redes sociais (Golpistas criam perfis falsos de hotéis e pousadas para conseguir dinheiro, https://economia.uol.com.br/noticias/redacao/2022/03/28/golpe-perfis-falsos-pousadas-e-hoteis.htm, acessado em 01/04/2022).

A empresa monitora constantemente via inteligência artificial as redes sociais para identificar promoções fraudulentas de perfis e sites falsos que fingem ser o hotel.

Aumento da efetividade dos processos operacionais internos

O hotel trabalha arduamente para incorporar as tecnologias emergentes promissoras nos seus processos internos.

O hotel padronizou os dispositivos usados na realização das atividades dos processos internos e os disponibilizou para os funcionários que precisam de capacidade móvel no seu trabalho.

As plataformas gratuitas de mídias sociais não são seguras na avaliação dos executivos da empresa, por isso a empresa investiu muito dinheiro em uma plataforma segura para a execução dos seus processos internos e para verificação de golpes nas redes sociais (por exemplo, sites e perfis falsos do hotel, promoções fraudulentas etc.).

Foram definidos os donos de cada um dos processos internos para ter um propósito bem definido das iniciativas.

Esta abordagem impediu o uso interno generalizado das mídias sociais e incentivou a produção de esforços bem orquestrados nos canais de comunicação com os clientes atuais e futuros.

A empresa adotou com a transformação digital um conjunto de iniciativas de racionalização dos processos, ou seja, ela não pavimentou o caminho das vacas.

A efetividade de cada componente do sistema operacional do hotel foi avaliada e processos foram eliminados e modificados.

Foi iniciado um ciclo de melhoria contínua da efetividade das ações realizadas nos processos internos.

O hotel contratou também um conjunto de serviços compartilhados e os disponibilizou para cada uma das suas unidades.

Os serviços compartilhados podem ser localmente adaptados para endereçar as necessidades específicas de cada um dos hotéis da rede.

A organização de tecnologia facilita a expansão das capacidades da empresa e precisa de contínuos investimentos nos recursos digitais.

As mudanças exigem que os algoritmos de otimização do banco de dados de fidelidade sejam executados frequentemente para assegurar as interações multicanais com os clientes.

O hotel trabalha arduamente para evitar a falta de integração das informações sobre os hóspedes que chegam ou que saem.

A adoção das melhores práticas da governança da transformação digital assegura a integração entre as informações e processos atuais e as informações e processos dos hotéis que serão adquiridos pela empresa.

A análise analítica de dados e informações está sendo intensamente utilizada para permitir o entendimento da capacidade da empresa de endereçar as necessidades operacionais e requisitos dos clientes.

O hotel está trabalhando intensamente para que as ferramentas de análise analítica de dados e informações sejam utilizadas em todas as decisões da corporação.

A alta administração tem como meta melhorar as decisões tomadas pelos executivos através do crescimento da racionalidade.

A análise analítica de dados e informações é uma maneira racional de pensar.

Ela não precisa estar presente em todos os papéis executados na corporação, no entanto, os executivos querem que as habilidades de racionalidade estejam fortemente presentes em alguns lugares.

A análise analítica de dados e informações permite que os funcionários do atendimento aos clientes personalizem em nível bastante elevado a experiência do usuário.

O hotel tem como um dos seus objetivos o empoderamento dos funcionários da linha de frente do atendimento aos clientes, por isso, a análise analítica de dados e informações deve estar presente no dia a dia destes colaboradores.

Estudo de caso: Banco fictício internacional

O banco cresceu rapidamente no século XXI pela aquisição de bancos em vários países.

A empresa quer solidificar a sua posição no mercado internacional pelo alinhamento dos processos em escala global.

A estratégia de ocupação de espaço do banco gira em torno dos seguintes conceitos:

- Internacionalização
- Racionalização dos processos
- Credibilidade.

Tanto a crise financeira gerada pela pandemia, como as novas regulamentações para o setor bancário, como a adoção de tecnologias pelos clientes e funcionários incentivaram o desenvolvimento de um projeto de transformação digital pelo banco.

A alta administração do banco entende que a digitalização do modelo de negócio permite a remodelação dos limites do negócio ao mesmo tempo em que a instituição pode tanto focar os seus recursos humanos nas áreas de negócios mais rentáveis, quanto simplificar os processos internos.

O primeiro passo da transformação digital tinha como principal objetivo a criação de uma estratégia multicanal usando as tecnologias de mídias sociais e de mobilidade.

O segundo passo foi a integração das transações entre os diversos canais e a construção de um canal de relacionamento com os clientes que trabalhe de forma integrada com as ferramentas de Customer Relationship Management e análise analítica de dados e informações.

O banco desenvolveu uma nova plataforma digital usando as ferramentas e os processos multicanais para alavancar o seu relacionamento com as corretoras de ativos.

Para melhorar a experiência dos usuários, o banco desenvolveu diversas iniciativas.

Foi desenvolvido o aplicativo de banco inteligente móvel para aumentar a quantidade de pontos de contato com os clientes

O atendimento através da infraestrutura das mídias sociais permitiu o endereçamento dos requisitos dos clientes ao mesmo tempo em que a marca era divulgada no Twitter, Facebook, Instagram, etc.

O banco lançou durante a pandemia do novo coronavírus um novo modelo de agência em que o espaço destinado para a interação e venda de produtos e serviços é compartilhado tanto com as novas tecnologias de autoatendimento quanto com uma cafeteria.

O banco também criou uma infraestrutura para iniciar as suas conversas com os clientes nas redes sociais.

Foi desenvolvida uma base de conhecimento do comportamento social dos clientes (aniversários, nascimentos, promoções, congraçamentos, festas etc.) através das ferramentas Customer Relationship Management e análise analítica de dados e informações.

O banco lançou os novos serviços do banco inteligente móvel em parceria com uma operadora de telecomunicações.

O aplicativo foi o resultado do processo de transformação do modelo de negócio do banco.

Tanto a estrutura de custos como a de receitas mudaram para um patamar diferente do anterior.

O banco ainda está digitalizando os processos operacionais, pois ele focou os trabalhos na melhoria da segurança digital.

O objetivo da racionalização dos processos operacionais é obter ganho de escala pelo aumento do nível de efetividade da execução das ações fim a fim.

Para tal, o banco está usando uma plataforma operacional integrada e segura.

O comitê digital da transformação digital é um grupo patrocinado pela alta administração que elabora a estratégia digital do banco e incentiva o compartilhamento das melhores práticas digitais.

Os próximos objetivos do banco com a digitalização é a evolução da mobilidade para melhorar mais ainda o nível de intimidade com os clientes e para desenvolver uma estratégia avançada para análise analítica de dados e informações.

Os desafios com a transformação digital são grandiosos, por isso o banco trabalha no fortalecimento da sua coordenação digital e no equilíbrio presencial e virtual da linha de frente do atendimento.

Desafios da Transformação Digital

A digitalização de um modelo de negócio exige a superação dos desafios da fase de iniciação do projeto e da etapa de execução das ações e gerenciamento do portfólio de projetos.

Os desafios da fase de iniciação estão relacionados com a falta de interesse, regulação e reputação e caso de negócio inadequado.

Falta de interesse

Muitas vezes a alta administração não tem interesse na digitalização do modelo de negócio da empresa, porque eles são céticos em relação aos benefícios das tecnologias.

A abordagem de seguir o líder do mercado vem sendo adotada por muitas empresas.

O ceticismo dos executivos em relação aos benefícios das tecnologias em muitos casos aumenta a burocracia dos processos de investimento e impede que a empresa realize experimentos digitais e faça mudanças no seu modelo de negócio.

Muitas empresas são lentas tanto na resposta ao mercado, quanto na adoção de novas tecnologias, porque elas não têm a ambição de pioneirismo.

Nos mercados em que a adoção de novas tecnologias está acelerando, a falta de ambição faz a lentidão das respostas aumentar.

Em outras palavras, a lacuna de desempenho da empresa aumenta em relação aos concorrentes com a falta de ambição digital.

Em diversos casos, o fraco desempenho da empresa impede a realização da transformação digital do modelo de negócio.

Em uma empresa em que os gestores não estão sentindo dor pelo fraco desempenho, o risco para realizar uma mudança supera os seus respectivos benefícios.

Muitas empresas entendem que a tecnologia não é um componente importante do seu negócio.

É bastante preocupante a falta de consciência das oportunidades ou ameaças geradas pelas tecnologias.

Os casos em que todos os executivos de uma empresa desconhecem as mudanças ocorridas nos outros setores da economia são raros, mas existem.

A falta de interesse em conhecer os principais produtos e serviços digitais impede que os executivos criem um modelo mental para explorar as oportunidades habilitadas pela tecnologia.

Regulação e reputação

Diversas empresas (em especial as operadoras de serviços financeiros e de saúde) estão trabalhando com enorme cuidado com as tecnologias móveis e sociais, por causa das questões relacionadas com segurança e privacidade das pessoas.

Mais da metade das empresas do setor financeiro e de saúde afirmaram que tem elevada preocupação com os impactos regulatórios nas suas iniciativas digitais.

Um dispositivo móvel perdido ou invadido permite que pessoas de fora da empresa tenham acesso aos dados confidenciais dos pacientes ou clientes.

As repercussões em relação à reputação da empresa vão muito além das sanções regulatórias.

Todas as empresas do segmento financeiro afirmam que não podem colocar em risco a sua reputação construída arduamente.

Alguns bancos são instituições centenárias e eles não querem entrar em uma situação de alto risco porque um funcionário perdeu um dispositivo móvel.

As operadoras de saúde têm as mesmas preocupações em relação à privacidade e segurança.

Os seus executivos afirmam que eles trabalharam arduamente por décadas para serem parceiros confiáveis para os seus clientes e eles não querem quebrar a confiança conquistada por causa de uma falha de segurança nos seus dispositivos móveis.

Eles não querem que uma laranja podre contamine todas as frutas e jogue pela janela todo o esforço realizado por milhares de funcionários.

As empresas de serviços financeiros adotaram uma abordagem mais lenta para as interações nas mídias sociais, por causa das regulamentações.

As mensagens nas redes sociais são revisadas antes da publicação com tanto cuidado quanto as comunicações corporativas para evitar que elas sejam interpretadas como conselhos financeiros.

As empresas financeiras sabem que precisam estar presentes nas redes sociais tanto para estabelecer um canal de comunicação com os clientes, quanto para monitorar o que as pessoas estão falando sobre eles.

As preocupações regulatórias não podem impedir que as empresas avancem na digitalização do modelo de negócio.

A participação das vendas de produtos e serviços digitais no faturamento total das empresas de serviços financeiros e de saúde cresceu exponencialmente durante a pandemia do novo coronavírus.

As empresas adotaram diversas ferramentas tanto para proteger as informações confidenciais dos clientes nos dispositivos móveis, quanto para apagar as informações confidenciais nos dispositivos no caso de roubo ou perda.

Praticamente todas as empresas sujeitas às regulamentações estabeleceram políticas de segurança para o uso de dispositivos móveis, para os dispositivos pessoais usados no trabalho e para a participação da empresa nas mídias sociais.

As empresas estão usando as redes sociais para alavancar a construção da sua marca.

Os fabricantes de equipamentos médicos estão usando as redes sociais para alcançar os profissionais que usam os seus produtos.

Caso de negócio inadequado

As preocupações regulatórias e o ceticismo saudável são boas razões para ter cuidado na adoção de novas tecnologias.

O passado já revelou que algumas iniciativas digitais não tinham sentido prático para todas as empresas (ou todos os colaboradores).

Em diversos casos, a nova tecnologia não oferecia benefício real para nenhuma empresa ou funcionário.

Nem sempre os executivos da organização de tecnologia estão preparados para discutir as mudanças nos processos internos causadas pelos dispositivos móveis.

Muitos estão preparados para falar apenas de benefícios intangíveis e do custo de aquisição dos dispositivos móveis.

Para alguns, a melhor escolha é sempre a tecnologia mais barata em termos de custo de aquisição.

Os custos de manutenção corretiva, preventiva e de indisponibilidade são ignorados por estes executivos.

Este tipo de abordagem torna muito pobre a avaliação do investimento em experimentos ou transformações.

Muitas empresas não fazem uma análise analítica de dados e informações na fase de avaliação dos seus projetos.

Os executivos qualificados justificam o investimento nas iniciativas de transformação digital do modelo de negócio da empresa através de um caso de negócio quantificado.

(Abrindo parênteses)

Justificativa base econômica: Processo tradicional para justificar um orçamento onde é enfatizada a redução dos custos ou o aumento das receitas.

Justificativa base sobrevivência da empresa: O investimento é feito em resposta ao rápido declínio do desempenho do negócio.

Justificativa base estratégica: O investimento é feito pela empresa mãe para fornecer uma importante capacidade organizacional para o negócio. Em geral este tipo de investimento é feito sem um caso de negócio quantificado.

Justificativa base baixo risco: O investimento de valor limitado e de baixo risco é usado para aprender sobre as novas tecnologias, sobre o comportamento dos clientes ou sobre as capacidades que podem ser adicionadas.

(Fechando parênteses)

Existem tecnologias que podem ser justificadas pela eliminação dos custos das perdas e ineficiências.

As tecnologias que habilitam as mudanças estruturais no ambiente de negócio devem ser justificadas pelo retorno do investimento.

Por exemplo, uma mudança nos processos de desenvolvimento pela digitalização dos produtos e serviços é justificada tanto pela redução de custos operacionais, quanto pela redução do custo do ciclo de desenvolvimento dos produtos e serviços.

Existem investimentos que são justificados por um caso financeiro cujo foco é a sobrevivência da empresa.

Neste caso a empresa faz uma grande mudança sem desenvolver um caso financeiro focado no retorno do investimento.

A empresa fictícia de catálogos percebeu que o seu modelo baseado em catálogos impressos estava morrendo e era preciso fazer uma transformação digital radical.

O aeroporto fictício digital investiu fortemente na transformação digital quando percebeu que as receitas vindas das companhias aéreas cairiam drasticamente nos últimos meses.

Muitas empresas consideraram que as suas incursões nas redes sociais são uma forma de transformação digital.

Outras empresas trabalham com recursos limitados e digitalizam processos redundantes que não agregam valor para os clientes.

Os experimentos realizados para definir o escopo da inciativa digital não pode ser financiado pela verba gastos gerais de um executivo sênior.

Estas experiências devem ser financiadas por verbas claras, transparentes e em volume suficiente para avaliar o real potencial do experimento.

Os casos em que as iniciativas são financiadas por recursos da infraestrutura operacional da empresa devem ser evitados, pois estas capacidades estão previstas para serem utilizadas em outros lugares.

As iniciativas desenvolvidas com verbas escondidas raramente passam pela avaliação de um caso de negócio quantificado.

Elas são apenas uma aposta que depende do acaso e da vontade de um ou mais executivos da empresa.

As ferramentas de colaboração e as bases de conhecimento foram em geral justificadas com base em um baixo valor de investimento.

Praticamente todos os projetos que foram justificados desta forma fracassaram no sentido de gerar retorno para a empresa.

O custo real destes projetos foi muito maior que o previsto (cerca de 60% das iniciativas estouraram o orçamento).

A meta de promover o alavancamento da colaboração e da sinergia da força de trabalho não foi alcançada por mais de 90% das iniciativas de criar uma base do conhecimento.

A indústria fictícia de tinta investiu na criação de uma divisão digital compartilhada para fornecer recursos e suporte para as iniciativas digitais de toda a empresa.

O capital para a criação da divisão compartilhada foi aportado pela empresa mãe.

Muitas empresas contrataram especialistas em conteúdo para postar análises e comentários nas mídias sociais.

Os executivos destas empresas justificaram a contratação destes profissionais demonstrando os benefícios do aumento da capacitação de curto prazo da empresa.

O investimento na análise preditiva do comportamento dos clientes foi justificado por um caso de negócio baseado em um experimento de marketing que gerou um crescimento das vendas.

O investimento na melhoria na análise analítica gerou um perfil melhor do retorno.

O estudo de caso levou em consideração o investimento necessário na infraestrutura, na integridade dos dados, nas ferramentas e nas capacidades externas.

O valor da transformação digital não vem apenas do investimento inicial, ele vem do retorno continuado das capacidades que foram ampliadas com a tecnologia digital (aumento da receita, redução dos custos, outros benefícios).

O investimento inicial de uma digitalização é justificado preferencialmente em função de um caso de negócio quantificado.

O investimento inicial é usado para criar uma infraestrutura de capacidades fundamentais.

Os próximos investimentos são realizados para adicionar camadas de capacidades novas na infraestrutura.

Quando foi implementado o sistema de Enterprise Resource Planning (ERP) os executivos não vislumbraram de imediato as mudanças futuras do modelo de negócio habilitadas pela tecnologia.

Foi preciso fazer um esforço contínuo para vislumbrar as mudanças que aprimoravam a operação e geravam retornos financeiros cada vez maiores.

Os desafios da etapa de execução das ações e gerenciamento do portfólio de projetos estão relacionados com a falta de habilidades, cultura corporativa, dificuldades tecnológicas, governança, visão incremental e coordenação.

Falta de habilidades

A tomada de decisões baseada na análise analítica de dados e informações nem sempre é um processo natural para as pessoas acostumadas a usar o julgamento pela intuição ou outros métodos para tomar suas decisões.

Recentemente, o executivo financeiro de uma grande rede de lojas do varejo disse que ele tinha todas as informações necessárias para melhorar a performance das lojas, mas ele não conseguiu mudar a forma como as pessoas trabalhavam.

As novas tecnologias são uma área do conhecimento humano em que as habilidades existentes são escassas.

As empresas estão contratando especialistas ou trabalhando com os fornecedores nas áreas de mobilidade e mídias sociais para preencher as lacunas de conhecimento.

A dificuldade do conhecimento fez algumas empresas perderem o barco das redes sociais.

Apenas quando elas conseguiram contratar um executivo especialista experiente, elas passaram a atuar nas mídias sociais.

Atualmente é preciso investigar as características dos dispositivos inteligentes e identificar um caminho para incorporar eles na estratégia de produtos e serviços das empresas.

Muitas empresas estão reclamando que não conseguem contratar um profissional capaz de investigar o uso dos dispositivos inteligentes na digitalização do negócio.

As empresas de hospitalidade estão experimentando as novas tecnologias e trabalhando com os fornecedores para reduzir o investimento de longo prazo nos recursos humanos.

Muitos estão enfrentando graves problemas de integração do conhecimento, pois as habilidades estão localizadas em diversos fornecedores.

Cultura corporativa

As questões sobre a cultura corporativa são um dos gargalos da transformação digital.

As principais mudanças nos empregos são causadas pela automação dos processos e pelo empoderamento da informação.

Os benefícios habilitados pelas informações corretas e precisas são perdidos pelos gestores que não tomam as suas decisões com base na análise analítica de dados e informações.

A nova cultura corporativa exige a recapacitação dos funcionários da linha de frente do negócio.

Estes trabalhadores estão acostumados com o conceito de receber ordens da chefia.

Eles precisam de ajuda para adotar a ideia de usar recursos digitais disponíveis para tomar as suas decisões de forma autônoma.

Executivos de unidades remotas que estavam acostumados com uma forte autonomia na tomada de decisões precisam agora trabalhar em um ambiente de serviços compartilhados com processos padronizados.

As mudanças culturais podem exigir a contratação de líderes com habilidades intelectuais para entender a nova visão do negócio.

Tanto a criação de uma visão de longo alcance, quanto a comunicação frequente são características essenciais para o impulsionamento das mudanças culturais.

As questões sobre as relações de trabalho são os principais catalizadores das mudanças culturais.

A boa e clara comunicação é essencial no processo de mudança cultural, pois os funcionários temendo demissões criam barreiras contra as mudanças propostas.

As questões culturais relacionadas com o trabalho podem ser superadas mais facilmente com a implantação de iniciativas de autoatendimento.

Dificuldades tecnológicas

As iniciativas digitais são desenvolvidas usando uma base sólida de processos e dados habilitados para tecnologia.

Os recursos de análise analítica de dados e informações são usados tanto para entregar as melhores soluções para os consumidores, quanto para criar um canal de relacionamento robusto com os clientes.

O principal objetivo da organização de tecnologia é a criação e ampliação da plataforma de informações para aumentar as capacidades digitais da empresa.

Os recursos tecnológicos são uma barreira para as empresas com recursos materiais e imateriais ultrapassados.

Nos últimos 30 anos, muitas empresas introduziram, sistematicamente, sistemas e aplicações digitais.

Como os acumuladores fazem, estas empresas não aposentaram os seus sistemas, elas apenas adicionam novas camadas de software.

O resultado é um ambiente tecnológico complexo e caro com graves problemas sobre a veracidade e acuracidade dos dados.

A maioria dos executivos de marketing afirma que é extremamente difícil entender o comportamento dos consumidores quando os dados sobre os clientes estão armazenados em diversos sistemas desintegrados.

Tradicionalmente, a comunicação entre a organização de tecnologia e as unidades de negócio é pobre.

A comunicação efetiva é um elemento fundamental para o trabalho colaborativo demandado pela digitalização.

Em geral, os executivos de negócio afirmam que o orçamento de investimento da organização de tecnologia é caro demais.

Na visão destes executivos o orçamento de despesas não é aceitável e os prazos de entrega são muito grandes.

O mercado demanda por entrega das soluções entre um e dois meses e a organização de tecnologia entrega entre 8 e 9 meses.

A transformação digital do modelo de negócio da empresa exige um ótimo relacionamento entre a organização de tecnologia e as áreas de negócio.

O executivo de tecnologia precisa ter um bom relacionamento com os outros executivos para que ele receba sugestões e entregue iniciativas digitais relevantes.

É importante que as operações do negócio e de tecnologia respondam para o mesmo executivo sênior para que a empresa execute as mudanças nos processos e nas tecnologias de forma integrada.

Governança

Para conquistar os benefícios da transformação digital é preciso mudar os processos e a forma como as decisões sobre as estruturas organizacionais e funcionais são tomadas.

A digitalização exige esforços de cima para baixo para que os funcionários vislumbrem uma realidade futura diferente e para que as ações sejam coordenadas na direção desejada.

A governança da transformação digital detalha um modelo operacional de digitalização que assegura que todos os esforços estão ocorrendo na direção escolhida pela alta administração.

Visão incremental

Uma política de investimento incremental é um ponto de partida eficaz na construção da capacidade digital de uma empresa, pois os maiores benefícios da digitalização são derivados das ações e atividades transformadoras.

É preciso ter uma visão que ofereça uma forma diferente para trabalhar, ou seja, não é uma forma mais rápida ou mais eficiente. É uma forma diferente.

Os altos executivos devem estabelecer e comunicar a visão transformadora do futuro da empresa, para que os gestores criem ou otimizem os processos dentro da sua esfera de autoridade para materializar a visão futura.

A visão precisa ser abrangente para trabalhar com as fronteiras organizacionais.

As empresas que vislumbram ser uma entidade com escritórios locais independentes precisam fazer a integração das suas unidades.

As empresas que têm a visão da excelência do ponto de venda querem que as lojas e quiosques aprendam com as inovações dos outros pontos de venda.

Em alguns casos a visão futura exige que a empresa assuma algumas funções desempenhadas por outros membros do ecossistema e vice-versa.

As empresas de vestuário que digitalizaram o seu negócio estão entendendo as ligações existentes entre o desenvolvimento, o marketing e a operação.

Cada uma destas unidades vem realizando ajustes para incorporar rapidamente as lições aprendidas pelas outras unidades.

A visão futura abrangente grava na mente de todos os envolvidos a imagem do que é desejado e inibe os comportamentos indesejados que prejudicam a conquista das metas globais.

Um erro bastante comum é o estabelecimento de uma visão que não é abrangente o suficiente.

As empresas que compraram dispositivos móveis para substituir o papel nas apresentações de vendas, mas ainda não integraram todas as informações dos clientes estão jogando os recursos digitais no lixo.

Em muitas empresas, as ferramentas de vídeo e colaboração não reduziram o custo total das viagens.

Para reduzir o custo total das viagens é preciso construir recursos integrados que permitam a colaboração de todos os funcionários envolvidos no assunto quer eles estejam trabalhando em casa, no escritório etc.

As áreas de marketing estão realizando experimentos com as mídias sociais e com o marketing baseado na localização.

Uma rede de restaurantes realizou diversos experimentos sobre preços e promoções e compartilhou as lições aprendidas em tempo real com todos os restaurantes da rede.

É importante destacar neste momento, que uma visão futura limitada reduz o retorno de cada investimento feito na transformação digital.

Coordenação

Muitas empresas não conseguem digitalizar o negócio por causa da falta de coordenação entre as unidades de negócios ou entre os processos.

As unidades independentes conseguem evoluir os seus processos internos, mas elas são incapazes de influenciar as práticas das outras unidades.

A indústria fictícia de tinta não conquistaria os benefícios da transformação digital do modelo de negócio sem uma coordenação de cima para baixo para os processos internos e para os clientes.

A lição da coordenação precisa ser aprendida rapidamente para o bom andamento da digitalização.

Os executivos precisam enfrentar os desafios da coordenação, ou seja, repensar a estratégia da corporação e adotar a abordagem de aproveitar as melhores práticas do caminho escolhido.

A empresa fictícia de vestuário, investiu no primeiro momento em iniciativas isoladas de desenvolvimento, marketing e operações.

Em pouco tempo ela percebeu que as iniciativas isoladas não estavam gerando resultados positivos, por isto ela focou os seus esforços no investimento em coordenação.

Ela criou uma divisão digital para garantir que todos os seus esforços digitais em marketing, produção, desenvolvimento, produtos e serviços etc. fossem corretamente coordenados e integrados.

O investimento gerou um retorno significativo em termos dos seguintes aspectos:

- Melhoria da experiência dos clientes
- Melhoria do conhecimento das preferências e comportamentos dos usuários que estavam em um ciclo radical e rápido de mudanças
- Melhoria da efetividade do aproveitamento das sinergias dos processos internos

A coordenação entre as empresas do ecossistema ou entre os processos novos e legados é uma preocupação permanente.

O conflito gerencial é real e é doloroso para os gestores das unidades de negócio que perdem autonomia.

A solução para as disputas derivadas da transformação digital do modelo de negócio deve vir de uma visão futura abrangente.

A empresa fictícia de catálogos tinha a visão de ter em 2020 90% dos seus negócios online.

Apenas um esforço fortemente coordenado seria capaz de produzir tal resultado em um prazo tão curto.

No banco fictício local, foi criada uma pequena divisão digital para coordenar os esforços realizados na digitalização.

Impressão e acabamento
Gráfica da Editora Ciência Moderna Ltda.
Tel: (21) 2201-6662